POULAIN DE LA BARRE
ÉGALITÉ, MODERNITÉ, RADICALITÉ

À LA MÊME LIBRAIRIE

François POULAIN DE LA BARRE, *De l'égalité des deux sexes. De l'éducation des dames. De l'excellence des hommes*, éd., introd. et notes M.-F. Pellegrin, « textes cartésiens », 420 pages, 2ᵉ éd. corrigée, 2016.

Marie-Frédérique PELLEGRIN (dir.)

POULAIN DE LA BARRE
ÉGALITÉ, MODERNITÉ, RADICALITÉ

Ouvrage publié avec l'aide de
l'IHRIM – UMR 5317

PARIS
LIBRAIRIE PHILOSOPHIQUE J. VRIN
6, Place de la Sorbonne, V ᵉ

2017

In memoriam
Desmond Clarke (1942-2016)

© *Librairie Philosophique J. VRIN*, 2017
Imprimé en France

ISBN 978-2-7116-2761-5

www.vrin.fr

INTRODUCTION

L'époque moderne semble constituer une période assez paradoxale dans l'histoire des femmes artistes et intellectuelles : leur nombre paraît important, mais leur reconnaissance quasi nulle. Il était donc important que les choses changent. Et on constate que la recherche actuelle met de plus en plus en valeur différents types de matrimoine, c'est-à-dire de patrimoines culturels produits par des femmes à travers les âges. Cette nécessité répond donc à leur relative invisibilité comme créatrices de biens culturels, invisibilité à laquelle il convient de remédier pour diversifier et enrichir ces biens appartenant à tou(te)s. C'est d'ailleurs un leitmotiv chez tous les penseurs cartésiens du XVIIᵉ siècle que de dire que de tels biens doivent être partagés entre tou(te)s et que les transmettre et les rendre publics ne dépossède en rien celui/celle qui les partage.

Mais ce travail si fondamental ne doit pas occulter l'importance des certains hommes dans la promotion d'un savoir au féminin[1]. Certes, de tels hommes sont assez rares, mais ils en sont d'autant plus remarquables.

Certains d'entre eux ont en effet été capables de penser contre une culture qui favorise pourtant leur sexe et de définir des partages des savoirs, des métiers et des ambitions sociales et politiques différents.

Être un homme féministe, surtout sous l'Ancien régime, c'est penser contre à peu près tou(te)s et donc penser autrement. Cela suppose une mise à distance des valeurs communes et une redéfinition de ce que les deux sexes ont apporté, apportent et doivent apporter à la culture commune.

---

1. Le collectif *L'engagement des hommes pour l'égalité des sexes (XIVᵉ-XXIᵉ siècle)* (F. Rochefort et E. Viennot (dir.), Saint-Étienne, Publications de l'université de Saint-Étienne, 2013) permet une bonne vue transversale de ces hommes s'engageant en faveur de l'émancipation des femmes.

François Poulain de la Barre (1647-1723) est exemplaire de cette capacité à modifier profondément la réflexion sur les rapports entre les sexes. Et il le fait en philosophe. Car, certes, il s'est toujours trouvé des hommes pour défendre ou louer les femmes et dénoncer différentes formes de misogynie. Mais on est frappé de ce que si peu de philosophes se soient saisis de cette question de l'égalité entre les sexes comme d'un enjeu philosophique à part entière.

Auteur de trois traités féministes à la fin du XVIIᵉ siècle (*De l'égalité des deux sexes* en 1673, *De l'éducation des dames* en 1674 et *De l'excellence des hommes* en 1675), il démontre la nécessité de penser l'égalité entre tous les êtres humains, quel que soit leur sexe, leur condition et leur éducation. Et trois traités, ce n'est pas rien. Il s'agit bien pour l'auteur de faire le tour d'une question philosophique fondamentale et même principielle. Car de la réponse à cette question dépend en fait la résolution de la plupart des autres problèmes philosophiques majeurs selon Poulain. La question de l'égalité entre les sexes suppose en effet d'élaborer une anthropologie complète qui traite de la physiologie, de la psychologie, des passions, de l'histoire, de la langue, de la culture, de la religion, des rapports sociaux et politiques que l'être humain établit avec ses semblables. Tous ces aspects composent une véritable philosophie développée en trois ouvrages complémentaires les uns des autres.

L'hypothèse fondamentale de son système est en effet que la question de l'égalité entre les sexes est une question philosophique originelle, c'est-à-dire une question à partir de laquelle on peut comprendre et démêler toutes les autres. Car le préjugé misogyne est le premier préjugé qui ait habité l'homme (préjugé formé avec le péché originel), dont tous les autres découlent. Ce premier préjugé identifié, on ne peut qu'en constater l'ampleur, les ramifications et les variations infinies : toutes les formes d'inégalité, tous les rapports d'autorité en dérivent. Dès lors, seule une réflexion proprement philosophique peut y remédier. La philosophie seule éradique le(s) préjugé(s). On ne pense pas vraiment l'égalité des sexes tant qu'on ne philosophe pas. La philosophie est la capacité à circonscrire un premier problème (l'inégalité) et à poser un premier principe (l'égalité).

Poulain de la Barre présente donc une double spécificité dans la (petite) galerie des hommes féministes. Il pense tout d'abord une émancipation totale des femmes qui soit à la fois une libération psychologique, intellectuelle, morale, sociale et politique de celles-ci par rapport à une culture dominante selon lui spontanément misogyne. Il pense ensuite en philosophe. Il introduit ainsi une rupture dans la longue histoire des « champions des dames » depuis le Moyen âge, en proposant de réfléchir autrement aux rapports entre les sexes et à la question de leur égalité, d'y réfléchir « en Philosophe et par principes, afin d'en instruire à fond. »[1].

Mobiliser les concepts de la philosophie pour porter l'idée d'une égalité absolue entre les sexes permet en effet une démonstration dont la rigueur la fait échapper à la rhétorique très topique des écrits philogynes jusque-là. Ici, les concepts sont en grande partie d'origine cartésienne, car finalement, c'est la nouvelle psycho-physiologie présentée par Descartes qui permet une anthropologie unique, qu'on soit homme ou femme. En mettant en exergue l'œuvre de cet auteur, on découvre donc en premier lieu que la question de l'égalité entre les êtres humains, au travers de l'un de ses aspects les plus problématiques, c'est-à-dire l'égalité entre les sexes, n'appartient pas seulement à quelques traités clandestins et/ou radicaux.

Les trois ouvrages de Poulain montrent même qu'un véritable questionnement philosophique sur ce type d'égalité existe, moins chez les auteurs clandestins que chez les auteurs cartésiens[2]. Si l'on se fie à l'immense travail de Jonathan Israel[3], on ne peut que constater que la question de l'égalité entre les sexes est souvent un point aveugle au XVIIᵉ siècle dans la pensée radicale, quand on la définit comme d'influence majoritairement sceptique et/ou spinoziste. L'œuvre de Poulain montre en revanche que les concepts cartésiens permettent de penser toutes les étapes d'une démonstration de l'égalité entre les sexes qui soit absolue.

Une explication mécaniste du corps et de ses actions permet d'évincer un finalisme teinté de misogynie. Elle s'accompagne d'une optimisme constant sur les capacités intellectuelles de tout être humain, Poulain ne retenant pas l'interprétation possiblement ironique de la célèbre première phrase du *Discours de la méthode*, selon laquelle « le bon sens est la chose du monde la mieux partagée, car chacun pense en être si bien pourvu, que ceux même qui sont les plus difficiles à contenter en toute autre chose, n'ont point coutume d'en désirer plus qu'ils en ont ». Mais en fait la phrase

---

1. *De l'égalité des deux sexes*, in *De l'égalité des deux sexes* ; *De l'éducation des dames* ; *De l'excellence des hommes*, Paris, Vrin, 2011, p. 55.

2. Voir notre article, « les critères de la radicalité en question : le cas Poulain de la Barre », *Revue de synthèse*, n° 3, décembre 2015.

3. J. Israel, *Les Lumières radicales. La philosophie, Spinoza et la naissance de la modernité (1650-1750)*, Paris, Éditions Amsterdam, 2005 [2001] ; *Enlightenment Contested. Philosophy, Modernity, and the Emancipation of Man. 1670-1752*, Oxford, Oxford University Press, 2006 ; « Unité et diversité des Lumières radicales. Typologie de ses intellectuels et de ses racines culturelles », *in* C. Secrétan, T. Dagron et L. Bove (dir.), *Qu'est-ce que les Lumières radicales ?*, Paris, Éditions Amsterdam, 2007.

se poursuit ainsi, annonçant d'une certaine manière le programme de Poulain :

> En quoi il n'est pas vraisemblable que tous se trompent; mais plutôt cela témoigne que la puissance de bien juger, et distinguer le vrai d'avec le faux, qui est proprement ce que l'on nomme le bon sens ou la raison, est naturellement égale en tous les hommes [1].

L'optimisme intellectuel repose sur la notion d'égalité. Égalité entre les esprits chez Descartes, ce qui implique et devient égalité entre les sexes chez Poulain.

Cet optimisme intellectuel met en question les rapports d'autorité traditionnels (entre sexes, entre classes, entre savants et ignorants). On pourrait résumer les choses en disant que l'impensé philosophique, celui dont il faut se saisir pour reconsidérer toutes choses de manière radicale, est symbolisé par la figure de la paysanne évoquée par Poulain. La paysanne est à la fois femme, pauvre et illettrée. Elle concentre donc les trois formes fondamentales de domination. Or la paysanne sait et agit efficacement. Dans *De l'égalité des deux sexes*, elle est opposée au philosophe scolastique comme l'incarnation de la raison au naturel : « J'ai trouvé dans celles [les femmes sans éducation] que la nécessité ou le travail n'avaient point rendu stupides, plus de bon sens que dans la plupart des ouvrages, qui sont estimés parmi les savants vulgaires » [2]. La refondation de la philosophie sur des bases saines, rationnelles ne peut venir de la caste savante. Elle ne peut venir que de ceux qui pensent par eux-mêmes. Le bon sens entrevoit en effet directement la solution aux questionnements philosophiques les plus fondamentaux : interrogées par l'auteur, ces femmes que le travail n'a pas abruties, parlent justement de Dieu, de l'âme, de la distinction des deux substances, de la physiologie (santé du corps, principe de la circulation sanguine). Bref, elles philosophent déjà. Et le but de Poulain est de les y aider.

Il propose en effet tout un corps de philosophie qui déduit de la connaissance de soi-même l'ensemble des sciences. Mais cette philosophie est avant tout une philosophie pratique : une éducation égalitaire doit induire des changements sociaux et politiques qui annoncent la fin de l'Ancien régime.

---

1. R. Descartes, *Discours de la méthode*, VI, 2-3, in *Œuvres complètes*, Adam-Tannery (éd.), 11 vol., Paris, Vrin, 1964-1975.

2. *Ibid.*, p. 74-75.

Et il est particulièrement important de mettre en valeur cette postérité-là du cartésianisme. Une postérité qui, s'appuyant sur l'indépendance de l'esprit par rapport au corps et sur la certitude d'une intelligence naturelle de tout un chacun, élabore en fait un programme social d'envergure. Une postérité qui fait de Descartes un jalon essentiel dans l'histoire du féminisme et plus précisément dans l'histoire des philosophies féministes. Car à partir de Descartes, Poulain montre le lien qu'il faut faire entre la question des sexes et celle de l'égalité, ce qui signifie qu'il fait de la question des sexes une question sociale et politique. Les discussions si animées sur l'apport de Descartes à l'histoire du féminisme se démêlent en grande partie avec l'œuvre de Poulain.

Les contributions réunies dans cet ouvrage sont issues d'un colloque qui s'est tenu conjointement à l'université Lyon 3-Jean Moulin et à l'école normale supérieure de Lyon. Elles visent à montrer l'étendue du questionnement philosophique de l'auteur. C'est là notre but : montrer la cohérence de la philosophie de Poulain, la diversité des questions qu'il se pose et esquisser sa postérité.

Pour Geneviève Fraisse l'originalité de la posture philosophique de Poulain s'explique bien par sa compréhension de la notion d'égalité. La pensée de l'égalité suppose tout d'abord une analyse approfondie du préjugé et non son simple rejet comme chez Descartes. Elle aboutit ensuite, dès lors qu'elle est pensée comme une égalité « entière », à hisser cet auteur hors de son temps et même hors du temps. Poulain n'est d'aucun temps et est de tout temps, car il donne à l'égalité entre les sexes le rang de concept, ce qui fait qu'on ne peut le réduire au statut d'idée advenue qui serait opératoire à certaines époques et pas à d'autres.

Mais le féminisme de Poulain est original et Siep Stuurman montre l'importance de cet auteur dans l'élaboration du concept de genre. Poulain présente en effet une histoire du genre qui le fait sortir du domaine du naturel et du biologique. Il pense le genre comme quelque chose de construit et de bien distinct du sexe. À la question de savoir ce qui, du cartésianisme ou du féminisme, a été premier dans la réflexion de Poulain, Stuurman tranche en démontrant que c'est son féminisme qui pousse Poulain à construire un cartésianisme social. Pour ce faire, il souligne les écarts de l'auteur par rapport à la doctrine cartésienne de l'âme et du corps, ce qui aboutit à une épistémologie en partie empiriste s'expliquant par sa réflexion féministe.

Desmond Clarke présente alors plus précisément la philosophie naturelle de Poulain en insistant sur l'influence de Descartes concernant deux points essentiels : sa théorie de l'explication et la manière dont nous pouvons connaître les objets non observables. Or ces deux points permettent de mieux comprendre le type d'évidence mobilisé par Poulain afin de traiter de l'égalité des sexes. Cette question relève en effet pour lui du domaine de la raison et de l'investigation empirique. Contre le principe scolastique qui déduit du non-observable au non-possible, Poulain mobilise la distinction cartésienne entre apparence et réalité; critique la notion de nature féminine de l'École; indique que l'expérimentation seule de son programme de mixité permettra de décider de l'infériorité ou non des femmes à l'école et dans la société.

Cette question de la pédagogie de Poulain engage celle de son rapport au livre. Michelle Rosellini pose la thèse selon laquelle la lecture constitue une question philosophique centrale dans l'élaboration du féminisme de Poulain. Rappelant les restrictions propres aux bibliothèques pour les dames recommandées par différents auteurs de l'époque, elle montre que la réflexion de Poulain sur ce thème s'appuie sur une perspective totalement différente, puisqu'elle n'est pas morale mais intellectuelle. Elle souligne l'ambiguïté de l'usage du livre chez Poulain. Les livres sont tout d'abord disqualifiés, au regard de la situation des femmes de son temps. Ils sont ensuite réhabilités, dans le cadre d'une éducation idéale, à condition qu'ils alimentent une bibliothèque essentiellement cartésienne et toujours subordonnée à l'expérience. Ceci s'explique par le fait que la démarche de Poulain est moins didactique qu'émancipatrice.

Mais la question de l'émancipation a des conséquences juridiques, sociales et politiques auxquelles s'intéresse Ginevra Conti Odorisio. Elles sont directement issues de l'égalitarisme de Poulain. En démontrant une égalité radicale, tant physique que morale, entre les hommes et les femmes, Poulain en tire des conclusions beaucoup plus révolutionnaires que les théoriciens traditionnels de l'école du droit naturel. Ni Grotius, ni Pufendorf en effet ne reconnaissent véritablement l'égalité naturelle qui existe entre les deux sexes. Quant à Hobbes, s'il l'affirme, il n'en tire pas les conséquences logiques qui s'imposent concernant l'état social. Seul le jusnaturalisme de Poulain peut ainsi être dit radical, car lui seul, constatant l'égalité naturelle entre les deux sexes, affirme la nécessité du respect de ce droit naturel à l'état social, malgré toutes les coutumes les mieux établies.

Monika Malinowska présente enfin un Poulain méconnu, le Poulain linguiste qui a travaillé sur les étymologies latines dans la langue française et sur la langue française en elle-même. Car Poulain n'est pas seulement un féministe mais également un savant. Les réflexions sur l'étymologie sont encore peu nombreuses à cette époque et le travail de Poulain montre les balbutiements de cette science dans un premier ouvrage de 1672. Dans son second ouvrage sur la langue datant de 1691, il se révèle un remarqueur proche de l'esprit de Vaugelas et attentif à noter les écarts du patois genevois au regard des usages français. C'est là le plus ancien glossaire du français genevois. Poulain linguiste, en ceci parfaitement cohérent avec l'esprit de sa philosophie toute entière, se révèle d'abord un pédagogue et un observateur des coutumes et des usages de chaque lieu.

Novateur à bien des égards donc mais peu discuté publiquement à son époque, Poulain connaît cependant une postérité intéressante, notamment en Grande-Bretagne au XVIIIᵉ siècle. Guyonne Leduc propose une étude minutieuse d'une brochure anonyme de 1758, *Female Rights Vindicated; or, The Equality of the Sexes Morally and Physically Proved* qui reprend voire plagie le *De l'égalité des deux sexes* de Poulain. En interrogeant sa fidélité au texte-source, Leduc montre ainsi, à partir d'un texte, comment la littérature radicale (souvent anonyme) se diffuse par reprises et réécritures successives. Ici, l'anonymat est double en effet puisque Poulain n'est pas cité et que celui (ou sans doute celle selon l'hypothèse de Leduc) qui se l'approprie reste inconnu. Mais les nuances (ajouts aussi bien qu'omissions) apportées au texte dénotent une personnalité et la visée d'un lectorat qui modifient en fait le sens de la pensée de Poulain.

L'enjeu de cet ouvrage est non seulement de contribuer au renouveau des études sur Poulain de la Barre mais aussi à l'intégration définitive de cet auteur exceptionnel à tous égards dans le corpus de la philosophie moderne. Il constitue l'une des postérités les plus intéressantes du cartésianisme et certainement la plus actuelle et la plus stimulante intellectuellement.

Marie-Frédérique PELLEGRIN
Université Jean Moulin-Lyon 3 – UMR 5037

UN LOGICIEN DE L'ÉGALITÉ.
TEMPS DU PRÉJUGÉ ET SEXE DE L'ESPRIT *

La publication du texte de Poulain de la Barre, en 1984[1], fut un événement. Du beau titre de cartésien qui fut donné à cet auteur aussi inconnu que méconnu, on retint le dualisme si favorable à l'égalité des sexes (peu importe le corps, sexué, l'esprit est le même pour les femmes et les hommes). Mais surtout, on pouvait reconnaître que Poulain établissait l'égalité des sexes d'une manière conceptuelle. Et, en effet, au cours du XVIIᵉ siècle, de Marie de Gournay[2] à Poulain, l'égalité est passée de l'idée au concept, d'une représentation nouvelle à son exposition radicale.

Mais pour pouvoir conceptualiser l'égalité, Poulain devait déconstruire le préjugé, s'en « défaire », dit explicitement le sous-titre de son livre, malheureusement oublié lors de l'édition de 1984. Je m'attardais alors sur la question du préjugé[3]. Combattre le préjugé à l'encontre des femmes, mettre en procès ce préjugé nécessitait une élaboration, voire une stratégie qui tranchait avec la mise en lumière cartésienne du préjugé. Pas de table rase, pas de geste simplement efficace pour faire place nette à une méthode ou à une méditation, mais un long travail d'identification du préjugé et de ses mécanismes. L'auteur s'attaquait, par conséquent, autant à l'histoire des textes qu'à l'opinion du présent. La critique du préjugé n'était pas un préliminaire mais une finalité.

---

* Initialement paru dans G. Fraisse, *La sexuation du monde*, Paris, Les Presses de Sciences Po, 2016. Publié avec l'aimable autorisation de l'éditeur.

1. Poulain de la Barre, *De l'égalité des deux sexes* [1673], « Corpus des œuvres de philosophie de langue française », Paris, Fayard, 1984.

2. Marie Le Jars de Gournay, *Égalité des hommes et des femmes*, 1622.

3. G. Fraisse, « Poulain de la Barre, ou le procès des préjugés », in *Les femmes et leur histoire*, Paris, Folio-Gallimard, 1998, rééd. 2010.

Il s'agit d' « un » préjugé, du plus fort des préjugés, nous dit le philosophe, celui qui concerne le sexe féminin. Reconnaissons que la philosophie fait ainsi, et enfin, une place à un phénomène persistant, ce préjugé à l'encontre des femmes, vision négative, qui se répète sans cesse dans l'histoire de la pensée. Sans doute, sa réflexion bénéficie de l'introduction récente de ce néologisme dans la langue française. Le mot « préjugé » apparaît, en effet, au siècle précédent. Et Poulain est le premier à mettre en rapport « sexe » et « préjugé ». Démonter le préjugé peut sembler, de prime abord, une démarche quasi banale. Or cette visée philosophique peut être reconnue dans sa spécificité au regard de l'objet même du préjugé, l'infériorité des femmes, l'inégalité des sexes. En effet, la tradition philosophique intègre très souvent le préjugé envers les femmes comme une donnée explicative face à une misogynie trop affirmée chez un penseur, ou devant un antiféminisme en contradiction avec l'énoncé d'une théorie politique, d'une thèse philosophique. En ce cas, l'historien de la philosophie, ou le commentateur, déclare l'auteur étudié « victime des préjugés de son temps ». Ainsi les textes difficiles à accepter au regard du sexe féminin vont être écartés de la construction philosophique d'un penseur pour être renvoyés à un statut inférieur, extra-philosophique. Ces textes seront mis hors de la philosophie, indiqués comme relatifs à un temps, une époque donnée. Le rapprochement entre le courage philosophique de Poulain et l'excuse offerte aux philosophes peu amènes à l'encontre des femmes devient pertinent : l'un attaque le plus fort des préjugés et on est en droit de se demander à partir de quel « temps » il parle tant sa radicalité paraît hors du temps précisément ; les autres sont excusés, parce qu'ils sont de leur temps et qu'on renvoie leur attaque des femmes à un relativisme historique, à un contexte particulier, qui permet de faire l'économie de l'analyse philosophique du préjugé. Ma question porte donc, entre ces deux postures, sur « le temps du préjugé ». Est-il englué dans l'histoire au point de parasiter une pensée philosophique ? Ou bien, au contraire, est-il possible de l'en extraire et le poser ainsi comme un objet de connaissance, de vérité, comme tout objet de réflexion ?

En un deuxième temps, relisant ce texte aujourd'hui, une autre piste peut être explorée, au regard, cette fois-ci, de la tradition de l'érotique philosophique. À plusieurs reprises, Poulain évoque la galanterie, c'est-à-dire le plaisir du propos, possible, ou impossible, pour parler des sexes et de leur égalité. Il dit se garder de la galanterie, mais, pourtant, laisse souvent entendre comme un regret. Sur la question de la qualité ou du statut du propos qui peuvent être utilisés pour écrire l'égalité des sexes, on entend comme une réflexion intérieure, une hésitation. Mais le piège est là,

Poulain le sait, celui de ne pas être pris au sérieux, ou de rater la démonstration. La rigueur est donc nécessaire, rigueur logique qui ne souffre aucune ambiguïté. Un nouvel éclairage s'offre alors à nous pour resituer la célèbre affirmation « l'esprit n'a point de sexe », affirmation qui fait suite à celle qui disait, au milieu du XVIIᵉ siècle, « l'esprit est de tout sexe ». De l'affirmative à la négative : comme s'il fallait bien séparer l'esprit du sexe pour éviter confusion et ambivalence quant à la finalité de la thèse à démontrer, celle de l'égalité des deux sexes. « Le plaisir du propos » retiendra donc aussi notre attention.

LE TEMPS DU PRÉJUGÉ

Ainsi, lors de l'édition de 1984, a été omis le sous-titre : « importance de se défaire des préjugés ». Deux insistances théoriques s'y entendent : « se défaire » de ses préjugés n'est pas un préalable, mais une finalité ; ainsi ce ne sera pas un simple geste préliminaire à l'exercice de la pensée, mais un travail, une élaboration qui prend du temps, celui de la démonstration. Et puis l'affaire est importante car le préjugé à l'encontre des femmes est « la belle question », le préjugé par excellence. Affrontant de manière très argumentée les diverses versions du préjugé (textes bibliques, tradition philosophique, opinion du vulgaire), Poulain va proposer de penser « l'égalité entière ». Cette formule doit être soulignée. L'entièreté signale la radicalité ; et l'adjectif indique la rigueur convoquée par Poulain. L'égalité ne souffre pas de limite, et son affirmation, « l'égalité des sexes », doit assumer toutes les conséquences pratiques, c'est-à-dire sociales et politiques, que cela entraîne. Dans les siècles qui suivent, la logique de l'égalité, dans son « entièreté », voisinera avec des formules plus modérées, par exemple celle du XIXᵉ siècle, à la recherche de la « presque égalité ». On est d'ailleurs en droit de se demander pourquoi il semble fréquent qu'on « qualifie » l'égalité d'un adjectif ou d'un adverbe. L'égalité ne se suffirait-elle pas à elle-même ?

Lancer l'idée d'égalité est une chose, aller jusqu'au bout du raisonnement en est une autre. Poulain est ainsi le premier d'une lignée de « logicien-nes de l'égalité », où celle-ci ne peut être fractionnée par un adjectif restrictif ou par une limite à sa mise en pratique. Condorcet, et Olympe de Gouges, Stuart Mill et Hubertine Auclert, Simone de Beauvoir pourraient être, ici, évoqués. Mais également Fanny Raoul, auteure d'un implacable réquisitoire, en 1801, *Opinion d'une femme sur les femmes*[1], citant Condillac en exergue : « Les préjugés qui supposent en nous ce qui n'y est pas ou qui dissimulent ce qui est sont un obstacle aux découvertes et une source d'erreurs ».

En un sens Poulain n'est pas un « précurseur », comme cela fut souvent affirmé ou discuté, mais le premier d'une lignée. Non pas en avance sur son temps, mais plutôt « d'aucun temps ». Ainsi doublement, par la désignation d'un préjugé institué et par l'affirmation de l'égalité comme d'une totalité. Où l'on voit que la « logique de l'égalité » n'est pas simplement une démonstration, mais bien la déconstruction d'un obstacle et la mise en place d'un nouveau chemin à suivre. N'être d'aucun temps est l'effet d'une radicalité autant théorique que politique.

Être de son temps, en revanche, c'est exactement ce que fera Fénelon lorsqu'il annonce, en une première phrase, aujourd'hui célèbre, de son opuscule sur l'éducation des filles, que « rien n'est plus négligé que l'éducation des filles ». Cette phrase est provocante. Elle dénonce un fait, mais aussi un arrangement social. Cependant, la charge reste mesurée et il suffit de tourner la première page pour entendre l'influence du temps où Fénelon écrit (1687) : d'abord, restreindre l'égalité de savoir : « Il est vrai qu'il faut craindre des savantes ridicules [...] aussi n'est-il point à propos de les engager dans des études dont elles pourraient s'entêter » ; et ensuite, désigner le danger réel : « elles ne doivent, ni gouverner l'État, ni faire la guerre, ni entrer dans le ministère des choses sacrées ». On a le fort sentiment que Fénelon répond à Poulain, car seul ce dernier tirait les conséquences sociales de l'éducation des femmes en termes d'accès aux fonctions symboliques, aux charges politiques. Il semble que le réalisme convienne à Fénelon, penseur de son temps, tandis que Poulain ne recule devant aucune conséquence de sa démonstration, quel que soit le temps où il se trouve.

Être de son temps se comprend aussi quand un jeune chercheur, au début du XXe siècle, s'intéresse à Poulain. Henri Piéron, auteur d'un très long article sur Poulain[2], qu'il découvre on ne sait comment, s'étonne de la logique égalitaire en la renvoyant à une anomalie temporelle, historique : le texte de Poulain auraient « des conséquences sociales hardies ».

---

1. F. Raoul, *Opinion d'une femme sur les femmes* [1801], Près saint Gervais, Le Passager clandestin, 2011.

2. H. Piéron, « De l'influence sociale des principes cartésiens, Un précurseur inconnu du féminisme et de la Révolution : Poulain de la Barre », *Revue de synthèse historique*, 1902, p. 153-185, 270-282.

La hardiesse, c'est une sorte de courage excessif, de courage qui déborde une époque. Et l'égalité ne saurait être «absolue». Entendez: oui, à l'éducation des filles, non aux fonctions sociales pour les femmes. Deux siècles séparent Henri Piéron et Poulain, et ce dernier semble encore excessif. Il «exagère», dit l'auteur, mais c'est seulement pour se faire comprendre, ajoute-t-il… C'est pourquoi, encore une fois, il n'est pas de son temps; ou plutôt, plus simplement, il n'est d'aucun temps.

On pourrait encore prendre un autre exemple, celui de Victor Cousin, écrivant à plusieurs reprises des biographies de femmes du XVIIe siècle. Ce philosophe du XIXe siècle loue Jacqueline, la sœur de Pascal, pour avoir troqué une expression poétique, intellectuelle, vivement accueillie dans le monde du temps de sa jeunesse, contre une vie retirée, monastique, à Port-Royal[1]. Victor Cousin magnifie ce parcours, itinéraire d'un esprit féminin brillant, qui passe de la lumière à l'ombre. Alors, le XVIIe siècle est perçu à l'aune du XIXe siècle, où l'important est de souligner l'absence nécessaire des femmes de l'espace public, objet des convoitises démocratiques. Victor Cousin, en ce sens, est bien «de son temps», et il lit à rebours l'histoire d'une femme remarquable, devenant exemplaire à deux siècles de distance. Il la juge négativement aussi, et cela n'est pas contradictoire, quand il ouvre l'épilogue en affirmant que «tant de génie, tant de vertu n'ont pas eu leur emploi vrai». Entre vie publique et accès à la vérité, on se demande à partir de quel temps il raconte cette histoire.

Reste, pour ce moment du XVIIe siècle, à remarquer qu'un auteur, toujours sur ce même sujet, des femmes, de l'égalité, et notamment du savoir, peut être «de tous les temps». Molière écrit Les femmes savantes en 1672, soit une année avant la publication du traité de Poulain. L'auteur expose une double situation, ou plutôt un double désir, celui de l'amour et celui de la philosophie. Il est question, dès la première scène, de «se donner à l'esprit», de «se marier à la philosophie». Et on sait qu'à la toute fin de la pièce, quand Armande se résigne à renoncer au mariage, il lui reste «l'appui de la philosophie». Deux éros, par conséquent, le désir de l'autre et le désir de la philosophie, se mènent ensemble, séparément, comme à front renversé. C'est là où Molière apparaît sans aucune des contraintes de son époque. Il est précisément «de tous les temps»; et cela se lit et s'entend aujourd'hui bien facilement. Loin d'avoir fait une charge contre certaines femmes de son siècle, cette pièce dit et redit l'enjeu de la liberté de l'esprit des femmes, et la possibilité d'aimer l'amour et la philosophie. Molière

---

1. V. Cousin, *Jacqueline Pascal*, Paris, Didier, 1844.

désigne clairement les deux repères de cette tension. D'un côté, Philaminte, la mère, s'insurge de sa condition : « Borner nos talents à des futilités, nous fermer la porte aux sublimes clartés » ; il n'y aura aucune limite au désir de connaître. De l'autre côté, Martine, la servante, sait que la femme est objet et non sujet du désir de savoir : elle veut « un mari qui n'ait d'autre livre que moi ». Ici, la femme est le creuset de la vérité, sans prise sur celle-ci, offerte à l'homme lecteur. Molière, en se plaçant au lieu de l'éros, amour et vérité, est bien « de tous les temps ».

On peut être de son temps, quelque peu soumis à ce relatif ; on peut être de tous les temps, dans la forme renouvelée d'une question classique ; on peut n'être d'aucun temps, tel Poulain, porté par une exigence de rupture, épistémologique et politique. N'être d'aucun temps. C'est faire preuve d'une rare originalité.

L'ESPRIT, AVEC OU SANS SEXE

Le préjugé à l'encontre des femmes est une « belle question », question portée par Poulain en un style très affirmatif. On pourrait poser une deuxième question, peut-être une « mauvaise » question, implicite cette fois-ci.

« L'esprit n'a point de sexe » succède à la formule inverse « L'esprit est de tout sexe ». On rapporte cette assertion de Fléchier à l'année 1665[1]. Laissant de côté la riche distinction entre « âme » et « esprit »[2], on peut commenter ce changement de formule en s'étonnant qu'une affirmation de cette importance soit si facilement réversible, et en si peu de temps. Là, encore, la pensée de Poulain tranche avec des idées plus familières lorsqu'on établit un lien entre le sexe et l'esprit. En effet, il ne s'agit pas de décider si l'esprit est sexué, si l'esprit est féminin ou masculin, mais de contester l'idée qu'il y ait une distinction entre les deux sexes, femme et homme. Il n'y a pas de différence de raison si « l'esprit n'a point de sexe ». On propose, ainsi, une neutralisation de la différence.

C'est pourquoi cette formule, « l'esprit n'a point de sexe », a une remarquable postérité, et peut sonner parfois comme un slogan. Puis, passé le temps de Poulain, le XVIIIe siècle regorgera de réflexions sur le sexe de l'esprit ; car ce siècle est matérialiste ; et repense le corps comme cause

---

1. *Mémoires de Fléchier sur les Grands-jours d'Auvergne* [1665], Paris, Hachette, 1856.

2. *Cf.* la note explicative sur le sexe de l'âme de M.-F. Pellegrin p. 100 de la réédition de l'œuvre de Poulain de la Barre, Paris, Vrin, 2011.

possible de l'esprit. N'oublions pas, à ce propos, que « le sexe qui parle » des *Bijoux indiscrets* de Diderot n'est pas le sexe neutre ou indifférencié repris par Michel Foucault[1], mais bien ce sexe de la femme d'où s'énoncent des vérités.

Mais cela ne nous apprend pas encore la différence entre « n'être d'aucun sexe » ou « être de tout sexe ». Ces deux formules ne sont-elles pas équivalentes ? Equivalentes au sens où elles englobent bien les deux sexes dans une commune aventure de la raison ? Positive ou négative, l'assertion implique femmes et hommes. Ce qui surgit alors comme interrogation porte sur le lien, le rapport entre sexe et esprit, non plus comme nature de l'un ou l'autre sexe mais comme pratique du rapport entre pensée et éros.

Rappelons-nous d'abord l'impact révolutionnaire de l'affirmation de Poulain : si l'esprit ne dépend pas du sexe, alors les femmes ont l'usage de cet esprit ; et ce de plusieurs façons. Tout d'abord, est ainsi récusée l'importance chez les femmes de leur ignorance et du bienfait de leur ignorance ; le savoir est une valeur et une vertu, bon pour tout le monde. Ensuite, comme cela a déjà été indiqué, la raison des femmes peut s'exercer sans limites ; aucune borne morale ou politique ne présidera à l'exercice de cette raison. Enfin, si les deux sexes participent d'une même raison, on peut sans difficulté mettre en cause la partition sexuée de l'expression du savoir, la lumière pour les hommes, et surtout l'ombre pour les femmes. L'esprit, libre, peut donc faire fi de ces trois réticences, l'assignation à l'ignorance, la limitation de l'exercice du savoir, l'obscurité requise de son expression. L'usage de l'esprit pour les femmes est un enjeu majeur de la modernité, et même l'enjeu essentiel. Les siècles qui suivront en donneront une éclatante preuve.

Or, la différence entre la négative de Poulain (point de sexe) et l'affirmative de Fléchier (de tout sexe) peut être lue à la lumière de multiples commentaires de Poulain quant à sa propre méthode : la distance mise entre le sexe et l'esprit doit être rapportée, non à la dualité entre hommes et femmes mais au sexe lui-même. En effet, il revient sans cesse sur le fait que sa méthode d'écriture est au plus loin de toute « galanterie », « galanterie ou amour », écrit-il à la troisième ligne de la préface de son traité. Bien sûr, séparer le sexe de l'esprit, c'est respecter le dualisme cartésien, c'est aussi accompagner le travail de déconstruction du préjugé, toujours impliqué par le sexe même. Se défaire du préjugé passe par la mise à distance du sexe

---

1. M. Foucault, *Histoire de la sexualité*, Paris, Gallimard, 1974.

dans le travail de l'esprit. On connaît la finalité théorique du propos, la démonstration de l'égalité des sexes.

Cependant, l'auteur semble renoncer à regret à la galanterie; il aurait aimé « joindre la fleurette avec la raison », poursuit-il dans la préface. Mais il ne le fait pas et accepte l'alternative : « ou galamment, c'est-à-dire d'une manière enjouée et fleurie, ou bien en Philosophe et par principes, afin d'en instruire à fond ». On pourrait préciser le sens du mot « galanterie », se fier au « lois de la galanterie » (1658) réédité récemment[1]. Que ce soit une pratique de l'éros, au masculin, qu'il faille s'en méfier pour parler de la question des sexes, on peut le comprendre. Mais on doit plutôt s'attarder sur ce qu'il dit en négatif, de cette pratique de la galanterie qui permettrait, aussi, idéalement, de raisonner et de démontrer.

La galanterie n'est pas la Préciosité, souvent représentée comme une supposée ambition intellectuelle, ou une caricature du comportement individuel. La galanterie peut masquer, ou accompagner, par le moyen de la séduction, la vérité. Ainsi, Dans *De l'Excellence des hommes*, il revient sur l'accueil fait à son Traité :

> Les Précieuses le reçurent avec applaudissement disant qu'on leur faisait quelque justice ; d'autres le firent valoir seulement parce qu'il flattait leur vanité : mais tout le reste en parla comme d'un paradoxe qui avait plus de galanterie que de vérité n'osant pas le condamner tout à fait parce qu'il leur était favorable[2].

Deux remarques : la galanterie ferait obstacle à la vérité (si essentielle au XVIIe siècle); la galanterie flatterait et perdrait par là même toute capacité à convaincre. Mais alors pourquoi ce regret chez Poulain, pourquoi cette ambivalence?

C'est là où apparaît le danger d'être mal compris, et de s'inscrire dans la tradition de la « raillerie ». Ce n'est pas sérieux de parler d'égalité des sexes. Oui, sans doute. L'histoire des textes antiféministes peut prêter main forte à cette remarque : souvent, dans l'historiographie, quand on ne qualifie pas un auteur de « victime des préjugés de son temps », on dira qu'un texte, manifestement hostile aux femmes, est une plaisanterie, un texte qui ne doit pas être lu au premier degré; un texte, par conséquent dont on neutralise ainsi la valeur offensive. Je pourrais, à ce propos, donner

1. R. Duchêne, *Les Précieuses ou comment l'esprit vint aux femmes*, Paris, Fayard, 2001.

2. Poulain de la Barre, *De l'excellence des hommes contre l'égalité des sexes* [1675], *in* M.-F. Pellegrin (éd.), *De l'égalité des deux sexes. De l'éducation des dames. De l'excellence des hommes*, Paris, Vrin, 2011, p. 341.

l'exemple du texte de Sylvain Maréchal et de son projet de «loi portant défense d'apprendre à lire aux femmes» (1801)[1]. Texte antiféministe extrêmement rigoureux, mais aussi radical dans son refus de l'égalité des sexes que Poulain l'est dans la conviction contraire. Texte que les commentateurs préfèrent ne pas prendre au sérieux, traiter de plaisanterie ; et ainsi ignorer la charge contre l'émancipation des femmes, au lendemain de la Révolution française, et qui plus est de la part d'un babouviste, homme de la gauche révolutionnaire. Poulain lui-même conclut son traité sur l'égalité ainsi : «Ce qu'il y a de plaisant, et de bizarre tout ensemble, c'est que des gens graves se servent sérieusement de ce que ces fameux Anciens n'ont dit souvent que par raillerie».

Pourrait-on dire alors que Poulain choisit d'être à distance de tout ce danger, celui du jeu de l'esprit, où on risque de se méprendre sur la finalité de sa démonstration? Réfléchissons au travers d'une anecdote littéraire le concernant. Sous la plume de Montesquieu, à la Lettre persane XXXVIII, on pose la question de savoir «si la loi naturelle soumet les femmes aux hommes» : «non, me disait l'autre jour un philosophe très galant», rapporte Montesquieu. L'exégèse discuta l'identité de ce philosophe très galant, on pensa d'abord à Fontenelle, puis à Poulain[2]. Il est très vraisemblable qu'il s'agisse de Poulain, à qui, donc, cette qualité de galanterie est reconnue dans une proche postérité. Comme si se continuait cette tentation de parler un autre langage que celui de la démonstration logique ; comme si le philosophe avait écarté une méthode d'exposition, tout en la laissant affleurer dans sa vie sociale certainement, on le voit avec Montesquieu ; et lui-même a cru passer pour un galant, on l'a vu précédemment. Hors même le texte, on saisit l'importance, pour Poulain, du pouvoir de la galanterie, pouvoir intellectuel («être un philosophe galant») s'entend.

Ne nous méprenons pas, en effet, sur le sens du mot «galanterie». Il ne saurait être réduit à un comportement individuel de séduction sociale. Et revenons à la comparaison, après coup, entre Fontenelle et Poulain. Fontenelle, on le sait, n'a pas le souci de défendre l'égalité des sexes, mais, en revanche, il s'adresse aux femmes pour disserter sur la «pluralité des mondes»[3]. Dans sa préface, il pense «à encourager les Dames par l'exemple d'une Femme», en l'occurrence la Marquise avec qui il

1. G. Fraisse, *Muse de la raison, exclusion des femmes et démocratie* [1989], Paris, Folio-Gallimard, 1995.

2. B. Magné, « Une source de la lettre persane XXXVIII ? *L'Égalité des deux sexes* de Poullain de la Barre », *Revue d'histoire littéraire de la France*, mai-août 1968, p. 407-414.

3. Fontenelle, *Entretiens sur la pluralité des mondes*, 1686.

s'entretient. Et ce choix renvoie à un autre choix d'exposition, étonnant, et intéressant, l'entretien avec la Marquise.

> Ce n'est pas pénétrer à force de méditation une chose obscure d'elle-même, ou expliquée obscurément [...]. Je ne demande aux Dames pour tout ce système de Philosophie, que la même application qu'il faut donner à la Princesse de Clèves.

Les idées de son livre, ajoute-t-il, sont, sans doute « moins familières », mais « pas plus obscures » aux femmes. Et ainsi, met-il en parallèle, la lecture d'une histoire d'amour et une lecture de philosophie des sciences. Les deux attentions intellectuelles sont comparables ; comme importance, et comme démarche...

Nous retrouvons, sans conteste, les deux éros de l'être humain, désir de savoir et désir de l'autre, lecture de l'amour, lecture de la science, mis sur le même plan de la connaissance. Philosophe galant, Fontenelle l'est donc, mais sans difficulté, l'assumant pleinement. Et cela se fait sans hésitation puisqu'il n'est pas question de déranger l'ordre hiérarchique des sexes, encore moins de vouloir l'égalité des sexes.

On comprend que l'affaire est autrement plus compliquée pour un philosophe de l'égalité des sexes ; et nécessite une prudence dans le mode d'exposition. On entend, en filigrane de ses multiples allusions à une galanterie, à un discours galant possible, l'attrait de démontrer sa thèse sans renoncer au plaisir de l'échange ; on entend aussi son impossibilité à choisir cette démarche, compte tenu de la tâche délicate d'attaquer le préjugé et d'affirmer l'égalité. Il tient donc à distance la méthode galante.

D'aucun temps et d'aucun sexe, voilà donc les deux conditions pour prouver l'égalité des sexes. Je prête ainsi à Poulain une conscience aiguë des enjeux de son discours et des obstacles rencontrés. Attaquer un préjugé, le préjugé par excellence, « la belle question », est une tâche lourde, et certainement pas anodine. N'être d'aucun temps est une décision philosophique. S'absenter d'une position sexuée pour affirmer que « l'esprit n'a point de sexe », s'en tenir à la logique démonstrative, user du langage juridique (notamment en indiquant que les hommes sont « juges et parties »), résister à la tentation de la galanterie, tout cela se comprend comme une nécessité un peu trop incontournable.

Reste une remarque : l'effort fait par Poulain pour sa démonstration nécessite un travail d'abstraction de l'Histoire, aussi bien en oubliant son temps pour mieux aller jusqu'au bout de son raisonnement qu'en résistant à la « mondanité » de la galanterie, à l'éros, pour éviter les pièges du fantasme qui réintroduiraient du déséquilibre dans la représentation de l'égalité des sexes.

Pour qui cherche à historiciser la question des sexes, un logicien de l'égalité se révèle plus énigmatique que l'on pouvait s'y attendre.

Geneviève FRAISSE

FRANCOIS POULAIN DE LA BARRE
AND THE MAKING OF THE ENLIGHTENMENT

What do we really know about the personality and the intentions of François Poulain de la Barre? The sober answer must be: far less than we would like to. In my book about Poulain I have collected the biographical information I found in the studies of Marie-Louise Stock, Bernard Magné and Madeleine Alcover, and added some more, in particular about his stint as a *curé de village* near the border of the Spanish Netherlands and the last decades of his life in Geneva, but it was not nearly enough for a full biography [1]. It follows that almost everything we know about Poulain has to come from his writings, and to understand those we have to proceed through the usual hermeneutic circles: from text to context and back again. All those who have studied Poulain have taken his writings as their points of departure and arrival.

That being said, we know a few things about the man behind the writings. First, we know that he refused to follow the trajectory his parents had destined him for. In 1666 – he was nineteen and had just obtained his bachelors degree in theology at the University of Paris – he dropped his university career and became a Cartesian who followed an intellectual path of his own making. In his books he recounted that moment in his life in the genre of a conversion story: dwelling in the Scholastic darkness, he suddenly began to question himself, became aware of the emptiness of his university learning, and finally entered the crystal-clear atmosphere of Cartesian enlightenment. Second, when he wrote the *Égalité des Deux Sexes*, in 1673, he was twenty-five. From the text of that book and the two

---

1. See S. Stuurman, *François Poulain de la Barre and the Invention of Modern Equality*, Cambridge Mass., Harvard University Press, 2004, p. 25-51, 237-244, 246-250, 253-256.

that followed, we can infer that he had been reading eagerly and at a frenzied pace, not only in Descartes and the Cartesians, but also in travel literature, theology, political theory, feminist literature, and several other genres. His university years were not spent in idleness either, for he knew the canons of scholasticism and traditional medical science well enough to offer incisive criticisms of them. He was perhaps not a mature philosopher, but he used his wide reading to explore new avenues of thought. Thirdly, we know that Poulain's goodbye to theology did not amount to a rejection of the Christian religion. All his life he clung to a sincere belief in God and the Christian duty of charity. Equality, the ideal he defended with such exemplary zeal in his feminist writings, was grounded in a natural right that was also the law of God who had created all humans, both women and men, in his own image.

The next question is obvious: Why feminism? Why the equality of the sexes? Here we cannot be so sure. Going by his writings, Poulain's sincere indignation about the oppression of women cannot be doubted. But at the same time he makes it clear that he also used the issue to address other concerns. As Poulain himself observed in the ironically titled *Excellence des Hommes*, the question of the equality of the sexes is vast, important, and curious, and "serves to decide several other curious questions, notably in Morality, Jurisprudence, Theology, and Politics, which one cannot discuss freely in a book."[1]. Right at the beginning of the *Égalité des deux sexes*, he announces that he is going to criticize the prejudice of male supremacy because it is the oldest and most universally held of all. If his readers will see through that prejudice, Poulain intimates, they will discover the need to divest themselves of other prejudices as well[2].

Below, I will discuss some of the contexts in which we may situate Poulain's thought, ranging from seventeenth-century feminism, Cartesianism, conjectural history, and Biblical criticism to the historiography of the Enlightenment. Those contexts, I shall argue, enable us to see what Poulain was doing and how feminism interacted with other discourses in his work.

---

1. F. Poulain de la Barre, *De l'Égalité des deux sexes, op. cit.,* p. 297.
2. *Ibid.,* p. 53-54.

POULAIN'S PHILOSOPHY:
EQUALITY OF THE SEXES IN MIND AND BODY

As a rule, Poulain is identified as a feminist thinker and as a Cartesian. When called upon to summarize his thought, most commentators have used the terse formula "l'esprit n'a point de sexe", "the mind has no sex whatsoever" (but often translated as "the mind has no sex"). Read as "the mind has *no sex whatsoever*", we have the feminist Poulain. Read as "the *mind* has no sex whatsoever" we get the Cartesian Poulain. It is my contention that these characterizations, though not "incorrect", are deeply misleading.

By itself, the thesis that the mind "has no sex whatsoever" is a Cartesian restatement of the ancient tenet that "the soul has no sex" which can be traced back all the way to the Greek Fathers of the Church (who were careful to limit its application to the spiritual realm). It is also found, in various formulations, in many of the *querelle des femmes* texts, from Christine de Pizan to Marie de Gournay and Marguerite Buffet, to name but a few. The maxim demonstrates Poulain's reliance on a long feminist tradition, and, behind that, on a theological tenet he himself acknowledged in the lengthy preface of the *Excellence des hommes* [1].

Poulain's real position is more complex. The first thing to note is that he, immediately after his famous statement that the mind has no sex, supplements it with its materialist pendant, the thesis that the brain has no sex: "The most meticulous anatomy has failed to demonstrate any difference between the male and the female head: their brains are entirely similar to ours." [2]. If reason resides exclusively in the mind, the argument is strictly speaking superfluous, for in that case it is only the immaterial mind that thinks. The materialist argument, however, depends on the idea that thought is a process that takes place in the brain. Sense impressions, Poulain goes on to say, are received and bundled in the brain. The "bundling" of sense impressions suggests that acts of classification take place in the brain, so that at least some "thinking" seems to be going on there. In Poulain, as in Descartes, the boundary between the material brain and the immaterial mind is fuzzy and questionable.

Far more than Descartes, however, Poulain underlines the vital importance of the material side of the mind-body equation. In the first pages of Part One of the *Égalité des deux sexes*, Poulain announces that he

1. *Ibid.*, p. 299-300.
2. *Ibid.*, p. 101.

is going to prove by irrefutable "raisons physiques" that "the two sexes are equal in body and mind"[1]. Apart from the argument that the brain has no sex, he contends that the sense organs do not display any significant sexual differences. In the *Éducation des dames* the constitution of the human body comes up for discussion several times, and always in non-gendered terms. Poulain repeatedly declares that a correct knowledge of the human body is a necessary condition of self-knowledge. Accordingly, he advised women to undertake or witness dissections of the human body, in order to examine its fabric with their own eyes. Coming to the prevailing medical theories, Poulain resolutely rejects the belief in a different and "inferior" female "temperament":

> That way of thinking pushes sexual difference too far. It should be restricted to God's intention to produce human beings by means of the concourse of two persons, and it must not be extended further than is necessary to that end. And so we observe that men and women are similar in almost everything pertaining to the interior and exterior constitution of the body, and that the natural functions on which our preservation depends function in the same manner in both of them. In order to give birth to a third person it is therefore sufficient that one of them has some organs the other does not have[2].

Acknowledging the biological differences between the sexes, Poulain seeks to confine them to the reproductive functions, and he absolutely rejects the sexualization of the entire body. In this argument, Descartes' mechanistic biology, which is almost entirely non-gendered, obviously is of great value. In the *Excellence*, Poulain offers a cogent critique of all attempts to base masculine supremacy on the presumed "facts" of biological nature: "It is not reasonable to send us back to the animals to judge the excellence of the men. If we hold the males among the animals in higher esteem than the females, it is because we esteem them higher among ourselves."[3]. In other words, the reasoning is circular: men first project their prejudices into what they call "nature," and then triumphantly conclude that the prevailing gender regime is rooted in nature. What they should do instead, Poulain asserts, is to examine the real nature of things, that is, their "internal and essential disposition."

---

1. *De l'Égalité des deux sexes, op. cit.*, p. 61.
2. *Ibid.*, p. 128.
3. *Ibid.*, p. 380.

Poulain's materialist arguments depend on Descartes' biology. Descartes' mechanical-hydraulic theory of bodily processes excludes all classifications of human beings according to external properties. Softness, beauty, type of hair, skin color, and suchlike are secondary qualities that our senses "attach" to natural objects, and consequently they do not belong in a truly scientific explanation. Cartesian biology thus excludes theories of "race," and it leaves little room for sexual difference, apart from the reproductive apparatus. Ironically, Descartes himself sought nonetheless to make a case for masculine superiority, but precisely in that argument he partly relapses into the Aristotelian-Galenic theory of the bodily humors, and has recourse to a vague terminology of "sympathy" that sits ill with his own mechanistic physiology[1].

Finally, the egalitarianism of Poulain's notions of the sexless mind-cum-brain and the largely sexless body get their social effect by his redefinition of all civil employments and political and ecclesiastical offices (including military ones) as knowledge-guided practices, so that women's access to knowledge automatically entails their ability to enter all offices and employments. This argument assumes a meritocratic foundation of the social order. Elsewhere Poulain voices a critique of the parasitic and idle aristocracy that calls into question the legitimacy of the *Ancien Regime* society of orders[2].

AMENDING DESCARTES:
POULAIN'S EMPIRICIST EPISTEMOLOGY

Poulain's epistemology is proto-Lockean rather than orthodox Cartesian. On a point of capital importance, he deviates from the metaphysics of Descartes. In the *Éducation des dames*, he accepts Descartes' *cogito* argument for the existence of the mind but re-formulates it as follows: "ce qui doute agit,& ce qui agit existe." Taking it from there, he completely parts company from Descartes. For Descartes, certainty about the existence of God necessarily precedes certainty about the existence of corporeal entities, including the existence of one's own body. Poulain, however, proceeds directly from the *cogito* to the body: "A short while ago I concluded that I who am thinking, exists because I act; now, there being a thing from which I cannot separate myself, which gives me

1. See Stuurman, *Poulain de la Barre,op. cit.*, p. 105-107.
2. *De l'Égalité des deux sexes, op. cit.*, p. 389.

pleasure and pain, without my own contribution, and even very frequently despite myself, it necessarily follows that this thing which I call my body, really exists." [1].

We conclude that we have a body, Poulain summarizes his train of reasoning, "because we feel it," and therefore we are likewise justified in affirming the reality of other bodies that make impressions on our minds through the intermediary of our own bodily senses. It is not clear that Poulain is aware of the chasm between his position and Decartes' epistemology. What he is saying here is that the reality of objects external to the mind follows from the changing and uncontrollable signals and stimuli they send via our senses to our minds. This comes very close, though with less philosophical sophistication, to Thomas Hobbes' conviction that our inability to conceive of change without cause is sufficient to establish the reality of external objects, though not necessarily their real nature (so that Descartes' reality-guaranteeing God becomes a "dummy term", as Richard Tuck has argued) [2].

Situating Poulain's epistemological turn in his feminist argument, it makes better sense. His attempt to demonstrate the equality of the two sexes in mind and body results in a nearly-materialist conception of the union of the body and the mind (in contrast to Descartes' cautious attempts to uphold the mind-body distinction in his metaphysics). Rather than negatively diagnosing this as a "deviation" from "true" Cartesianism, we may understand it as a, perhaps unintended, consequence of his feminist argument. Poulain sought to demonstrate that education and custom were extremely powerful agents shaping the minds of women and men alike. He thus downplayed the role of innate ideas, and stressed the power of education and the dominant gender regime to make women and men conform to it, and finally to regard it as "natural." Just like Locke would do later, Poulain pictured the mind of a newborn child as an empty slate, a tabula rasa which is gradually filled with ideas by experience and education. The mind is thus continually shaped and modified by impulses from the outside world and is very closely connected to the body. Even so, Poulain upholds the autonomous power of the mind to sift and examine those outside impulses. The necessity of a critique of ordinary experience to arrive at reliable true knowledge is an epistemological axiom shared by Descartes, Poulain and Locke, but Poulain's grounding of knowledge in

1. De l'Égalité des deux sexes, op. cit., p. 204.

2. See R. Tuck, "Hobbes and Descartes", in G. A. J. Rogers and A. Ryan (eds.), Perspectives on Thomas Hobbes, Oxford, Clarendon Press, 1988, p. 37-41.

experience of the external world is closer to the position Locke would later take in his *Essay Concerning Human Understanding*. Poulain may have taken this empiricist epistemology from Gassendi or Hobbes, but I believe it is more plausible that he arrived at it independently. If he had taken it from Gassendi or Hobbes, he would have said so.

Much later, in his book on biblical criticism published three years before he died in Geneva, Poulain admitted that he considered the mind-body problem as it stood in Cartesian terms a "mystery" he felt unable to solve[1]. In this connection, it is also relevant that in the concluding conversation of the *Éducation des dames*, Poulain expressly warns against regarding Descartes as an infallible oracle[2].

ANOTHER FEMINIST CONTEXT:
ARE WOMEN EQUAL OR SUPERIOR TO MEN?

It is Poulain's explicit and many times repeated thesis that women and men are equal, except for the reproductive organs and functions. However, one does not have to read far in his books to encounter numerous passages where he praises women as the gentle and reasonable sex, while men are depicted as rude, quarrelsome, vain, pretentious and pedantic. Considering Poulain's text as an isolated exercise in reasoning, this looks like a lack of consistency. He now appears to argue that women are both equal and superior to men.

In the context of seventeenth-century French elite culture, however, Poulain's double take is quite understandable and, what is more, to the point. The notion of the female virtues as a civilizing power represented a powerful discourse in the decades after the Fronde. It accords with the transformation of elite culture analyzed by Paul Bénichou, Jonathan Dewald and others[3]. After the *Fronde*, the swashbuckling, boorish, violent culture of the *noblesse d'épée* was "domesticated" – a beautifully ambiguous term in this connection – and partly supplanted by a culture of *honnêteté* that championed politeness, refined sociability, French

---

1. F. Poulain de la Barre, *La Doctrine des Protestans sur la liberté de lire l'Écriture sainte*, Genève, Fabri & Barrillot, 1720, p. 349.

2. *Ibid.*, p. 278.

3. See P. Bénichou, *Morales du grand siècle*, Paris, Gallimard, 1992; J. Dewald, *Aristocratic Experience and the Origins of Modern Culture: France, 1570-1715*, Berkeley, University of California Press, 1993.

language and literature, and a new model of learning and philosophy. It was precisely in this orbit that Cartesian philosophy reached a broader elite public. Let us recall that in the 1680s the *Mercure Galant*, a periodical that was read all over the country and catered to an elite female audience, ran a regular advertising campaign for the writings of Fontenelle. The new elite culture had a place for women as civilizing agents and it valued learned woman to a certain extent[1]. Of course, they also met with resistance, as in Molière's attacks on the *précieuses* and the *femmes savantes*. In this context, Poulain's combination of Cartesian equality with an upgrading of the feminine virtues makes perfect sense.

To put it a bit more strongly, it also strengthens his feminist argument. Rationalist arguments for equality did not seek to change the content of the prevailing male culture; they presented arguments for female participation in that culture. The advocacy of the feminine virtues, however, was a different matter, for it was connected to the effort to "civilize" or "domesticate" the traditional culture of the male French aristocracy. Men too had to change their ways. In the 1660s and 1670s, when Poulain first moved from scholasticism to Cartesianism and then "invented" his own feminist-Cartesian social theory, elite sociability and intellectual culture created new social spaces where men and women recognized one another as conversation partners on a more "equal" footing than before. As Theodore Rabb has argued long ago, the imposition of order by Louis XIV and, one a European scale, the Peace of Westphalia and the end of Wars of Religion, gave elite men and women a breathing space to engage in the peaceful arts of entertainment, conversation and philosophical reflection[2].

The new elite culture offered women opportunities many were eager to grasp. The few things we know about Poulain's activities in these decades fit into the picture. In the 1660s he frequented the *Academie des Orateurs*, a school of eloquence situated close to the Parliament of Paris, where young lawyers were trained in the art of adversarial debate in French. Participation in the discussions was reserved to men, but the gallery was open to women. Questions concerning the differences between the sexes repeatedly came up for discussion, with the moderator of the Academy

---

1. On this new feminized elite culture and the role of the Mercure Galant, see S. Stuurman, "Literary Feminism in Seventeenth-Century Southern France: The Case of Antoinette de Salvan de Saliez", *Journal of Modern History*, 71, 1999, p. 1-27.

2. See Th. K. Rabb, *The Struggle for Stability in Early-Modern Europe*, New York, Oxford University Press, 1975; D. Gordon, *Citizens Without Sovereignty: Equality and Sociability in French Thought, 1670-1789*, Princeton, Princeton University Press, 1994.

usually taking the pro-woman side. We further know that Poulain attended some of the lectures of Jacques Rohault, an extremely popular lecturer who offered a course in Cartesian physics, often illustrated by entertaining experiments. Such lectures represented cutting-edge science that was not admitted in the university. An equally important difference was that women as well as men frequented Rohault's lectures, a mixed audience unthinkable in the lecture halls of the Sorbonne. Poulain, whose family came from the lower ranks of the noblesse de robe, will have felt at home in these venues. His upgrading of the feminine virtues accords well with the style and values he encountered among the men and women from the robe milieu who had found their way to these gatherings where new ideas were discussed in a polite, yet serious manner[1]. His re-description of the traditional male virtues as defects fits the picture as well, but it can also be interpreted as an instinctive downsizing of masculinist arrogance.

A CONJECTURAL HISTORY OF GENDER

Poulain anchors his theorization of gender in history, or, to be more precise, in a "*conjecture historique*" about the origin of inequality, property, the family, the state, and religion. While history in the *querelle* tradition, from Christine de Pizan onwards, was mainly marshaled in the format of examples of learned, valiant and virtuous women, Poulain introduces a new, developmental vision of history. This opens up the novel problematic that not only women have a history (one of the major contentions of the *querelle* texts), but that there can also be a "history of gender". Gender is thus moved from the space of the "natural" to that of the "historical".

Poulain actually presents us with two conjectural histories: one in the *Égalité des deux sexes* and another in the *Excellence des hommes*[2]. The first account discusses the origins of the patriarchal family, private property, the state, and religion. In the first age of the world, Poulain posits, sexual difference was not very consequential, and the two sexes by and large performed the same tasks. Men and women shared all activities and only achievement counted for something: "The man went his way, and the woman went hers; the one who brought home more enjoyed the highest esteem." On account of their greater bodily strength, Poulain further

1. See Stuurman, *Poulain de la Barre, op. cit.*, p. 39-43.
2. *Ibid.*, p. 64-70, 391-392.

reasoned, the men fancied that they could lord it over the women in all things. Moreover, they took advantage of women's temporary weakness during childbirth. So it came to pass that the wife became subject to the husband and the son honored his father. In the extended families that evolved in the early history of the human race a rough division of labor was imposed. The men gradually restricted the women's range of activities until a gendered separation between the home and the outside world came into existence.

Poulain explains how in the next stage the original state of peace came to an end. The first armed struggles were occasioned by conflicts over the distribution of property: the first-born son often appropriated the entire family land, and the younger boys were left to fend for themselves. Some of these unfortunate youngsters organized themselves in gangs, robbing and enslaving others whenever they could. Subjection thus made its appearance, and women, who took no active part in these aggressive practices, came to be seen as part of the booty. Consequently they were despised and considered inferior, because conquerors always look down on the conquered.

But this was only the first stage in the development of society. The next soon followed suit: "Some men contented themselves with this first usurpation, but others, more ambitious and emboldened by their victorious exploits, wanted to pursue their conquests still further." It was in this way that the first states came into being, and so it happened that women were from the outset excluded from the seats of political authority. Finally, the establishment of states led to the institution of ranks and distinctions: "Symbols of honor [...] and signs of respect were introduced [...] the notion of power became joined to the external manifestations of submission rendered to those who exercise authority."

Next, Poulain discusses the origin of religion. He considers it certain that God has been worshipped since the world was made, but he adds that religious cults were only established when men and women were assembled in "public societies." The nature of these early cults bore the imprint of the power relations in the societies in which they originated. The men who already controlled the government did not fail to secure the direction of religious affairs as well (about Christianity and its special place in history Poulain guards a prudent silence).

History is thus depicted as the origin and growth of inequality and oppression. In the *Excellence des hommes*, Poulain paints an even bleaker picture of the course of history, but the overall argument remains the same. He offers a picture of "the first age of the world" that comes extremely close to the traditional "noble savage" and "golden age" stereotypes. To the misfortune of the human race, Poulain continues, this happy state of affairs was soon disrupted. Anticipating Rousseau, Poulain attributes all the ills of modern society, notably its ruthless competitive mentality, to the growth of inequality: the fateful usurpation of liberty by a cunning minority at the expense of the great majority of mankind, including, of course, the female sex.

In these parts of his work, Poulain is not radicalizing an extant discourse, but rather inventing a new one. In the 1670s, conjectural history (or *histoire philosophique* as it later came to be called in France) was not an available discourse. Bits and pieces of it have been identified in the writings of Grotius, Pufendorf, François Bernier, John Ogilvy (*America*, 1671), and others[1]. Poulain belongs in that company. The first thinker to draw the various strands together with some theoretical rigor was Fontenelle in a series of essays written from the 1680s to the early eighteenth century[2].

This conjectural history also further radicalizes Poulain's view of the gender regime of modern Europe. Contrary to Thomas Laqueur's assertion (in *Making Sex*) Poulain does not explain gender in the biological terms of "sex", but in terms of the contingencies of history, power, and custom ("hazard, violence, coûtume")[3]. *The radical core of his feminism is precisely that he constantly transforms "sex" into "gender", and that he does not look for a biological foundation of gender at all. "Gender" is, in the final analysis, explained by the prevailing gender regime. It is no more than a cultural construction upheld by power and custom, while "sex" is no more than a particular function of the body.*

In Poulain, the connection between sex and gender has become radically indeterminate. Likewise, he explains other kinds of inequality, such as rank and "race", in terms of their historically contingent origins: "Dependency being a purely corporeal and civil relation, it should be

1. See I. Hont, "The language of sociability and commerce: Samuel Pufendorf and the theoretical foundations of the 'Four Stages Theory'", *in* A. Pagden (ed.), *The Languages of Political Theory in Early-Modern Europe*, Cambridge, Cambridge University Press, 1987, p. 253-276; S. Stuurman, "L'idée de progrès à la fin du XVIIᵉ siècle: Temps et espace dans l'histoire philosophique", *Le Monde Alpin et Rhodanien*, 3, 2001, p. 103-112.

2. See J. Dagen, *L'Histoire de l'esprit humain dans la pensée Française: de Fontenelle à Condorcet*, Paris, Klincksieck, 1977.

3. See Th. Laqueur, *Making Sex: Body and Gender from the Greeks to Freud*, Cambridge Mass., Harvard University Press, 1992, p. 155-156; for the full argument, see Stuurman, *Poulain de la Barre, op. cit.*, p. 109.

considered as no more than the result of chance, violence or custom."[1].
There is no ultimate "foundation" of inequality. It is solely a historical
result that may change in the future. Let us recall that in the *Éducation des
dames*, Stasimaque – who speaks for Poulain – repeatedly urges his
conversation partners *not to fear change*[2].

POULAIN'S RELIGIOUS CONTEXT:
INTERPRETING (AWAY) SCRIPTURE

In Poulain's three feminist treatises we find numerous references to
religion and biblical criticism. The *avertissement* printed at the end of the
Égalité des Deux Sexes explains that his ideas are not contrary to Holy
Scripture if only the Bible is interpreted in the right way. The long preface
to the *Excellence des Hommes* is completely devoted to a justification of
the equality of the sexes in Christian terms with extensive quotations from
the Bible and the Fathers of the Church, and finally there is Poulain's
Genevan book that is entirely about biblical criticism, focusing on the
refutation of the Catholic doctrine of transubstantiation.

In this connection, the little we know about Poulain's life is of
considerable importance. Religious matters were at stake in all the critical
junctures of his life. When he abandoned theology in 1666, it was because
he did not want to embark on the Church career his parents had planned for
him. When he failed to get the patronage he needed to pursue his
intellectual career in Paris, he took holy orders and – reluctantly, I think –
became a village priest in Northern France. There, he got into trouble at the
time of the revocation of the Edict of Nantes, was demoted to a tiny hamlet,
and finally left his charge in the spring of 1688, probably converted to
Calvinism in Paris, and from there fled to Geneva, where he arrived in
1689. Even there, his travails were not over, for in 1696 he was suspected of
Socinian ideas, an extremely grave accusation that might have led to
banishment from the city. Interrogated by two theology professors, Poulain
pretended total Calvinist orthodoxy and was cleared, but it was a near
thing.

Through all these hard times, he kept to his faith in a benevolent God,
maintaining that the Bible prescribed love, charity and justice, but left
everyone at complete liberty to examine and judge "l'état naturel et

1. *De l'Égalité des deux sexes, op. cit.*, p. 95.
2. *Ibid.*, p. 218, 227-228.

véritable des choses."[1]. Whether he was or was not a Socinian is hard to decide, but he always kept totally silent about the divinity of Christ, neither denying nor affirming it. The words of Holy Scripture, on the other hand, he always approached with circumspection. Generally, his hermeneutical guide was the doctrine of accommodation[2]. The Bible was written for the common people of its time and it was not a handbook of natural philosophy. Augustine, confronted with this problem, had explained that when Scripture seemed to contradict the manifest truths of natural philosophy, it had to be interpreted in a figural or allegorical sense. In Poulain's time, the same position was taken by Descartes when a literal reading of Biblical passages was at odds with the new natural science.

Poulain, however, applied this hermeneutics not only to natural philosophy, but also to social conventions and morality. His feminism pushed him towards such an approach, because he could accept neither the literal reading of Genesis nor the gendered morality commonly drawn from it. Subscribing to the truth of Scripture, he had to find a way to reconcile the two positions. One way out was provided by the six counter-readings of the story of the Fall that can be found in numerous feminist broadsides since the late Middle Ages[3]. Poulain refers to some of these, but his real argument bites deeper. The arguments of Saint Paul (First letter to Timothy 2: 13-14) who grounds female subordination in the Genesis narrative, Poulain argues,

> are not at all essential reasons, but rather simple conventions taken from a story of long ago and a personal circumstance that might equally well be used against the men [...] When thoroughly examined, this kind of reasoning proves nothing at all[4].

Commenting on Saint Paul's ruling that women should keep silent in the church, he retorts that such prohibitions merely reflect the particular customs of the times:

> Like all the Orientals as well as the Romans, the Jews were extremely jealous of their authority, and as they were the masters of their women, it is no wonder that the apostle, pursuing his altogether Christian policy of

1. *Ibid.*, p. 145.

2. See E. McMullin, "Galileo on Science and Scripture", *in* P. Machamer, *The Cambridge Companion to Galileo*, Cambridge, Cambridge University Press, 1998, p. 271-347.

3. See A. Blamires, *The Case for Women in Medieval Culture*, Oxford, Clarendon Press, 1997, chap. IV.

4. *De l'Égalité des deux sexes, op. cit.*, p. 324.

accommodating everyone, counseled submission and silence to the women, for the sake of peace in the family [1].

Poulain stops just short of saying that the entire Bible is impregnated with the customs and prejudices of the "Orient." But what he says is clear enough. The moral prescriptions of the Bible reflect the customs and conventions of their place and time, and therefore they cannot claim universal validity.

Another cardinal issue where Poulain's faith is decidedly rationalist concerns the supernatural. He simply never discusses dangerous subjects like miracles, the Trinity, the incarnation, and original sin. Poulain affirms free will and the autonomy of human reason in the same strident terms as Descartes. But let us recall that Descartes had (at the last moment and on the behest of Antoine Arnauld) inserted a reservation about original sin in the Latin text of his *Meditations*. Poulain makes no such reservations. His ideal is the "enlightened" human being who can attain truth and virtue on his own steam.

Poulain's stance on Biblical criticism is equally radical. Descartes and Malebranche also had recourse to the hermeneutics of accommodation, but they were chiefly interested in creating intellectual space for the new natural science, and they left the moral prescriptions of the Bible well alone. Poulain's yardstick, however, is not the manifest truth of natural science but the idea of justice and, in particular the equality of the sexes. In the end, Poulain's Biblical criticism is closer to Spinoza than to anyone else. Like Spinoza, he argues that the literal sense of many, and perhaps all, Biblical passages, is nothing more than a story about the ideas and customs of the not-so-very-enlightened nations of Antiquity. But there is also a difference. Spinoza is mainly concerned with liberty, much less with equality, and least of all with the equality of the sexes [2]. Poulain's Biblical criticism, on the other hand, is occasioned and motivated by his feminism.

It is surely significant that in Poulain's discussion of the Bible, it is always revelation that is corrected by reason, and never the other way around. The truth of revelation is reluctantly respected – the truth of reason is triumphantly proclaimed. Ostensibly, reason and revelation are on a par, but in fact the Scriptural truths of charity and justice are inserted in an Enlightenment social philosophy.

1. *De l'Égalité des deux sexes, op. cit.,* p. 322.
2. See M. Gullan-Whur, *Within Reason: A Life of Spinoza,* London, Jonathan Cape, 1998, p. 294-299.

INVENTING (THE) ENLIGHTENMENT

I will now examine yet another context: how to situate Poulain's social thought in the origins of the Enlightenment. Today, most historians of the Enlightenment accept the thesis of Paul Hazard's *Crise de la conscience européenne*, that the origins of the Enlightenment are to be found in the second half of the seventeenth century. Hazard situated the critical transition in the 1680s, pointing to the radicalizing consequences of the revocation of the Edict of Nantes and the emergence of a lay intelligentsia. More recently, Margaret Jacob and Jonathan Israel have highlighted the early impact of materialist, pantheist, republican, and democratic ideas, the English Revolution of the 1640s, the intellectual ferment in the Dutch Republic, and the final destabilization of university and clerical scholasticism by Descartes, Hobbes and Spinoza. Consequently, they pushed the onset of the Enlightenment back to the middle decades of the seventeenth century [1].

One of the defining features of the crisis that ushered in the Enlightenment was identified by a contemporary of Hazard: According to the neo-Kantian philosopher Ernst Cassirer, the generations succeeding Descartes transformed reason from a concept of being into a concept of agency [2]. Comparing Poulain with Descartes, this transformation is immediately apparent. In Descartes, the two concepts of reason coexist in an unstable equilibrium. Defining the *res cogitans* as an autonomous substance, reason grounds a primary concept of the certainty of being, but Descartes' radical questioning of all received knowledge subverts the equilibrium from its very inception and his way of "doing philosophy" refashions reason as a concept of movement and disruption. Poulain, as we have shown above, took considerable liberties with Descartes' metaphysics, amending it in an empiricist direction and explaining the content of what people believe in historical terms. To him, reason functions as a vehicle of critique and agency, and in particular as the wellspring of his radical notion of universal

1. See M. C. Jacob, *The Radical Enlightenment*, London, Allen and Unwin, 1981; *id.*, "The crisis of the European Mind: Hazard revisited", in Ph. Mack and M. C. Jacob (eds.), *Politics and Culture in Early Modern Europe*, Cambridge, Cambridge University Press, 1987, p. 251-271; J. I. Israel, *Radical Enlightenment*, Oxford, Oxford University Press, 2001; for a critique of Israel's assumption that only a monist Spinozist philosophy can underpin a radical egalitarianism, see S. Stuurman, "Pathways to the Enlightenment: From Paul Hazard to Jonathan Israel", *History Workshop Journal*, 54, 2002, p. 227-235.

2. See E. Cassirer, *The Philosophy of the Enlightenment* [1932], Princeton, Princeton UP, 1951, p. 14 [*La philosophie des Lumières*, trad. fr. P Quillet, Paris, Fayard, 1966].

equality. For Poulain, to use your reason means to transform yourself and, since you are a social being, to engage in a critique of the social arrangements that constrict your intellectual and practical freedom. His biblical criticism demonstrates that he can deconstruct all Scriptural arguments for inequality without taking the atheist road. His notion of God as the ultimate source of charity, justice and equality actually strengthens his egalitarian case. Equality and justice, Poulain believes, are not simply human conventions but rather indispensable elements of God's creation (At this point, philosophers may recall how Kallikles sought to reduce equality and justice to the status of *nomos* in Plato's *Gorgias*).

Poulain fits with an almost uncanny precision into Hazard's story of the onset of the Enlightenment. Almost all the intellectual contexts that went into the making of his philosophy are discussed by Hazard: Cartesianism, the theory of modern natural law, Jansenism, the rise of heliocentric astronomy, travel literature, biblical criticism, Spinozism, and the *querelle des anciens et des moderns*. The only factor not discussed by Hazard is, of course, feminism. It is worth emphasizing that in the formation of Poulain's philosophy, feminism was more than just an "extra." It vitally contributed to the making of what we are entitled to call, I think, the first recognizable Enlightenment *social* philosophy. It was feminism that impelled Poulain to construct a social Cartesianism, and to make the concept of equality the linchpin of his new social philosophy. It was his argument for the equality of the sexes in mind and body that pushed him to an egalitarian interpretation of Descartes' biology. It was his insistence on the power of education to fashion and transform human beings that incited him to downplay Descartes' theory of innate ideas and to highlight a notion of the child's mind as a tabula rasa, anticipating Locke rather than following in Descartes' footsteps. It was the exclusion of women from learning Latin combined with the need to refute the traditionalist arguments for male supremacy that made him a partisan of the moderns in the *querelle*. It was the need to criticize Scriptural arguments against the equality of the sexes that inspired his radical method of Biblical criticism.

I am not saying that these other discourses and theories were not important to Poulain in their own right, but I certainly do maintain that his feminism radicalized all of them. The history of feminist thought in the seventeenth and eighteenth century has often been written as an answer to the question if, and if so, how and to what extent the universalist concept of equality was applied, or not applied, to gender, as if there existed a context-free ideal of universal equality that only had to be "applied" to the inequalities between the two sexes. Although abstract ideas certainly cross borders and are notoriously difficult to contain in one social field without "contaminating" others, they should not be conceived as teleological universals that are only waiting for a Hegelian self-fulfillment.

Ideas do not pass from one social field to another on their own steam. Their movement is subject to the contingencies of history. They are transposed to other fields, not by the immanent power of reason, but by speakers and writers who invariably transform the ideas they are 'transporting," sometimes softening them but at other times radicalizing them. We should, I think, focus on this dialectic when we discuss the relationship between feminism and Enlightenment. We should not only ask what the Enlightenment contributed to the feminist cause, but also what early-modern feminism contributed to the making, or the invention, of the Enlightenment. Poulain is a suitable case to study that nexus because his thought is situated precisely at the intersection of the early-modern feminist tradition with the discourses identified by Hazard as the building blocks of the Enlightenment. Moreover, his intellectual trajectory demonstrates how a radical critique of one type of inequality tends to call into question other types of inequality as well. Poulain's main subject is the inequality of the sexes, but from time to time he also formulates quite drastic critiques of the social inequalities of Ancien Regime society. Beyond that, he criticizes the presumption of nations to be superior to others, and finally the European claims to intellectual superiority to the inhabitants of the other continents. We should certainly be careful not to overstate these passages. Poulain was not Diderot or the Abbé Raynal. What his utterances about Turks and "barbarians" demonstrate are the limits to which the notion of natural equality could be extended in late seventeenth-century Europe. No more, but certainly no less.

HOW TO SITUATE POULAIN
IN THE MAKING OF THE ENLIGHTENMENT

Poulain's writings offer us a window on the limits of the thinkable in an early stage of the Enlightenment. Beyond that, there are two questions to be asked. The first concerns the significance of his feminist writings in the late seventeenth century. The second is about the intellectual impact of his ideas in the eighteenth century.

How should we assess Poulain's arguments for the equality of the sexes in his own time? His claim, in the *Égalité*, that women were capable of exercising all callings and professions, including political, military and ecclesiastical office, can of course be easily dismissed as utopian. But taking a closer look at Poulain's writings we soon discover that his main focus is on women's intellectual capacities and their access to a sound education and to intellectual life. The *Éducation* outlines a curriculum for a college for ladies that is totally non-gendered and offers a cutting-edge reading list in Cartesian philosophy, logic, geometry and several other subjects that went way beyond what French colleges in the 1670s were able (or dared) to offer their pupils. The importance of a good, and gender-neutral education for girls and boys alike is confirmed by Poulain's explication of the purpose of the *Éducation*. Generally, he says, people think that "education" is for children, but the quality of education chiefly depends on the quality of the teaching personnel. What the *Éducation* aims at is the instruction of "maîtresses", the female teachers who are to take care of the education of future generations of girls[1]. In this connection, Poulain mentions two books that have yet to be written: one for the instruction of future female teachers (the fifth conversation of the Éducation offers an outline for that) and another on the method of instructing children in the new knowledge[2].

What Poulain proposes, then, is the establishment of colleges for girls paralleling the extant network of colleges for boys. He thus accepts a separate trajectory for girls, but he absolutely rejects the idea of a special "feminine" curriculum (the "anti-feminist" solution Fenelon would advocate in his 1687 *De l'éducation des filles*). We should judge Poulain's project in the context of the times. The burghers of the French towns increasingly appreciated the benefits of a high-quality education for their children. In 1560 there were 47 colleges in the entire country, but between 1560 and 1650 153 new colleges were founded, bringing the total to 200. After 1660 this trend continued. However, all these colleges were closed to girls. Poulain proposes to set the balance right. His ideas were quite practical and certainly feasible. The only obstacle was the objection of most men in the seats of power to open the gates to girls. Poulain's reform project was in line with seventeenth-century feminist authors who always put the demand for access to higher education at the top of their agenda[3].

Two other reform proposals were equally pragmatic. The first was to make it impossible to place women in a convent against their will.

---

1. *De l'Égalité des deux sexes, op. cit.*, p. 157.

2. *Ibid.*, p. 178.

3. For extensive discussion and references, see Stuurman, *Poulain de la Barre, op. cit.*, chap. IV.

The second sought to limit the marital authority of men so strictly that they could no longer abuse it to maltreat their wives. Actually, a lot of litigation between spouses took place in French elite circles. The judges passing sentence in such cases were always men. To counter this injustice Poulain proposed to establish a sovereign council, on which women and men would be equally represented, to decide on serious marital conflicts[1]. We may conclude that Poulain's feminism should not too easily be considered utopian. His reform proposals were attuned to existing tensions and injustices within French society, in particular its bourgeois and *robe* elites.

Our final question concerns the impact of feminist and Cartesian critical thinking, of which Poulain was a powerful representative, on the Enlightenment. As far as we know, Poulain's books reached a fairly wide audience, but they were not literary successes or bestsellers. They were reprinted several times, sometimes in pirated editions. An English translation of the *Égalité* was published in London in 1677. A pirated edition of the *Éducation* appeared in Amsterdam in 1679. Poulain himself was probably less known than his books. Except for the *Éducation* they did not feature the author's name. Only the *Éducation* has a dedication to the Grande Mademoiselle, signed by the author as "POULAIN." That explains why most references to Poulain's work do not mention the author. In my book on Poulain I have collected the references mentioned by Alcover, Stock, and Magné, and added those I have been able to locate. The upshot is that from the late seventeenth century to the early years of the French Revolution, his works were read and invoked to make the case for women's dignity and equality[2]. Coming to Poulain's influence on major Enlightenment thinkers, we know that Montesquieu had read the *Égalité* and considered it "really philosophical." We further know that Louis de Jaucourt, Diderot's most prolific contributor to the *Encyclopédie*, had Poulain as his teacher in the penultimate class of the college in Geneva (1717-18). Finally, we have biographical and textual information that makes it highly probable that Rousseau had read the *Égalité*. Rousseau's conjectural history of the origins of inequality may be partly inspired by Poulain's "conjecture historique" on the origins of the subjection of women[3].

---

1. *De l'Égalité des deux sexes, op. cit.,* p. 163.
2. See Stuurman, *Poulain de la Barre, op. cit.,* p. 277-283.
3. *Ibid.,* p. 283-289.

It is, of course, not very useful to isolate Poulain's influence from the broader trend of early-modern feminist publishing. Neither should we single out Poulain's conjectural history of gender as an "origin." In that arena, too, his ideas were part of a large collection of seventeenth-century writings that contained bits and pieces of what in the eighteenth century would become *histoire philosophique* in the Francophone Enlightenment and *conjectural history* in the Scottish Enlightenment. Poulain was one of a large company of critical thinkers who subverted the naturalness of gender. The cumulative impact of two centuries of *querelle* texts made the nature of women and men a contentious issue. In the same vein, it became possible to reconfigure gender as a historical instead of a natural order, thus introducing the novel idea that a gender regime was not immutable but subject to historical change. Reading the major eighteenth-century philosophes, from Montesquieu to Rousseau and Diderot, one soon notices that to them gender had become a problematic concept in a way it never was to the major thinkers of the mid-seventeenth century, such as Descartes, Hobbes and Spinoza. To turn gender into an essentially contested concept was seventeenth-century feminism's most enduring achievement and its major legacy to the Enlightenment. Regarded in this context, it is no coincidence that Poulain's writings present us with one of the earliest examples of a recognizably Enlightenment social philosophy [1].

Siep STUURMAN
Centre for the Humanities, Utrecht University

---

1. For a more extensive discussion, see S. Stuurman, "The Deconstruction of Gender: Seventeenth-Century Feminism and Modern Equality", *in* S. Knott and B. Taylor (eds.), *Women, Gender and Enlightenment*, Basingstoke & New York, Palgrave Macmillan, 2005, p. 371-388.

POULAIN'S EPISTEMOLOGY
AND THEORY OF EXPLANATION

Poulain borrowed two related insights from Cartesian natural philosophy, namely: Descartes' theory of explanation, and his account of how we can acquire reliable knowledge or understanding of things that we cannot observe. Although they may not seem relevant to his thesis about gender equality, I want to suggest that they were very significant for the way in which he approached the philosophical questions that were implicit in his project. These insights were also consistent with Poulain's identification of the kind of evidence that is appropriate for deciding questions about gender equality. In contrast with the arguments that were prominent in the work of Marie de Gournay or Anna Maria van Schurman – both of whom relied significantly on interpretations of biblical texts – Poulain claimed that the equality or otherwise of the sexes was a question that fell within the scope of human reason and empirical investigation. It was therefore both irrelevant and inappropriate to invoke Scripture to resolve it: "*car ce qui est du ressort de la raison doit être connu par la raison*"[1].

Discussions of equality today typically involve two very distinct types of claim: one is a moral or political claim, about how people should or should not be treated; the other is a factual claim about the needs, capacities, or status of people in virtue of which they ought to be treated in certain ways[2]. The former depends on the latter; for example, one argues that access to medical care should be determined by one's medical needs,

1. *De l'éducation*, p. 193. All references to Poulain are to the edition edited by M.-F. Pellegrin, Paris, Vrin, 2011.
2. There is a clear analysis of this in B. Williams, «The Idea of Equality», in *Problems of the Self*, Cambridge, Cambridge University Press, 1973, p. 230-249.

or that access to education should be decided by one's intellectual capacities. If one cannot establish the factual claim about needs or capacities, then the dependent moral claim fails too. However, since capacities are not observable in any ordinary sense of the term, they can be known only by inference, and many of those who made claims about women's capacities or needs did so fallaciously, as follows.

Scholastics often appealed to the axiom, *ab esse ad posse valet illatio*: from the fact that something is the case, it is valid to conclude that it is possible. It is clear, in retrospect, that many opponents of women's education and equality relied on a logically invalid counterpart of that scholastic axiom: *ab non-esse ad non-posse valet illatio*, or one may validly conclude what is not possible from what is not the case. Since this logical mistake does not currently have a special name (at least in English), I suggest that it be called the "incapacity fallacy". It was evidently true that, in the seventeenth century, most women were not educated and were unable to engage in philosophical and theological discussions (as were most men). This fact about women encouraged commentators to make an inference that had the same logical structure as the incapacity fallacy. However, it is illogical to argue from the fact that (in general) women did not engage in study, or become bishops or judges, to the conclusion that they were incapable of doing so. The problem, then, was how to reason validly from what is observable about women to plausible conclusions about their capacities or needs.

Poulain got some specific help with this issue from Cartesian natural philosophy, and in particular from

1) Descartes' distinction between appearance and reality;

2) his rejection of scholastic-style explanations; and

3) his novel account of how realities may be known, with a qualified certainty, by constructing hypotheses about how they appear to us in observations.

I discuss these three topics briefly.

APPEARANCE AND REALITY

Descartes had often emphasized a distinction between the spontaneous judgments we tend to make on the basis of observation – which he called prejudices – and the reflective judgments we ought to make about matters that fall within the scope of our intellectual and sensory capacities. Poulain adopted the same distinction; he defined prejudices as *"jugements portés sur les choses, sans les avoir examinées"* [1]. He also added a rather prescient anticipation of what later became a familiar theme in Marx: that the interests of those who hold certain beliefs may provide a stronger motivation for their convictions than the evidence that supports them objectively.

> L'on n'ignore pas que ce discours fera beaucoup de mécontents, et que ceux dont les intérêts [...] sont contraires à ce qu'on avance ici, ne manqueront pas de crier contre [...]. Si on cherche sur quoi sont fondées toutes ces opinions diverses, on trouvera qu'elles ne le sont que sur l'intérêt, ou sur la coutume [...]. Ainsi tout ce qu'en ont dit les hommes doit être suspect, parce qu'ils sont Juges et parties [2].

Opponents might reply that men's interests just happen to coincide with a "fact" that is independently confirmed by the evidence [namely, women's inequality], and that it is premature to offer an ideological explanation of a belief before it is shown to be false. To answer that objection, Poulain had to provide the evidence on the basis of which his thesis about equality could be confirmed. He did so by using a distinction between appearance and reality that was borrowed from Descartes and contemporary Cartesians in Paris, such as Jacques Rohault [3].

One of the fundamental principles of Descartes' natural philosophy is that the real world may not, in fact, be as it appears to us in sensory perceptions. This reservation was not inspired by scepticism, but by the opposite – by an extraordinary (some might say unjustified) confidence on his part in our ability to speculate, beyond appearances, about the unobservable structures that underlie natural phenomena. Descartes

---

1. *De l'égalité, op. cit.*, p. 53 n.
2. *Ibid.*, p. 56, 60, 93. Cf. « *les femmes ne dépendent des hommes que par les lois qu'ils ont faites pour leur avantage particulier* »: *De l'excellence des hommes*, p. 314.
3. Poulain's spokesman in *De l'éducation des dames* talks about his attendance at a Cartesian conference, p. 281. Jacques Rohault (1618-1672) began to hold Wednesday conferences on Cartesianism in Paris as early as 1659; his main work appeared as *Traité de physique*, Paris, 1671.

introduced this distinction in the first sentence of *Le Monde* (which was first published posthumously in Paris in 1664):

> la première chose dont je veux vous avertir, est, qu'il peut y avoir de la différence entre le sentiment que nous en [*i.e.* de la lumière] avons [...] et ce qui est dans les objets qui produit en nous ce sentiment[1].

He had applied the same rule in the *Les principes de la philosophie*, when he advised against making hasty, mistaken judgments based on our perceptions of either external or internal sensations (such as pain):

> nous avons cru, dès le commencement de notre vie, que toutes les choses que nous sentions avaient une existence hors de notre pensée, & qu'elles étaient entièrement semblables aux sentiments ou aux idées que nous avions à leur occasion[2].

If we cannot rely on sensory experiences as accurate representations of reality, what other means are available?

Descartes proposed that we acquire a more trustworthy understanding of the actual world by constructing hypothetical explanations of the ways in which it appears in our sensations, than by projecting onto natural phenomena the qualitative experiences that those phenomena evoke in our minds. For example, we cannot understand the nature of light simply by examining our sensations of light, nor can we determine whether the Sun or the Earth moves merely by observing how they appear to us. In general, we have no argument that guarantees *"que les idées que nous avons en notre pensée sont entièrement semblables aux objets dont elles procédent"*[3]. Poulain repeats almost verbatim the same conclusion:

> ce serait se tromper que de prendre l'état que les choses ont dans la tête des hommes pour celui qu'elles ont dans la nature, parce que l'un ne nous donne pas toujours l'idée de l'autre[4],

and he appeals to the dispute about heliocentrism to support that general principle[5]. The only way to know or understand the objective realities from which our perceptions originate is, in Poulain's words, by hypothesizing

---

1. Descartes, *Œuvres complètes, op. cit.*, AT XI, p. 3.
2. *Ibid.*, AT VIII-1, p. 32.
3. *Ibid.*, AT XI, p. 3.
4. *De l'éducation des dames, op. cit.*, p. 216.
5. *De l'égalité, op. cit.*, p. 59.

la disposition particulière, intérieure et extérieure de chaque objet, [qui pourrait] [...] produire en nous les pensées et les sentiments que nous en avons [1].

Poulain then applies this general principle about appearance and reality to our *perception* of a reality that is both natural and social, namely, the condition of men and women in seventeenth-century society. He adopts almost casually an attitude of counterfactual confidence that allows him to see beyond appearances and to claim that, contrary to the almost universal belief of people at that time, men and women in general have the same natural capacities. Rather than accept at face value the apparent evidence of his senses, he introduces what he called a *"conjecture historique"* to explain why women occupied the inferior roles to which society had become accustomed, with the phrase: "voici à peu près comment cela est arrivé" [2].

Accordingly, Poulain presents a speculative reconstruction of how, at the beginning of history, men were superior to women in physical strength; how societies were formed; how they went to war and relied on the strength of male warriors; how women were limited to roles of child-rearing and how, over centuries, the prejudice about women's inequality corresponded to what people actually observed in almost every society. He concludes that, since the inferior condition of women is readily explained by such an historical hypothesis, there is no more reason to claim that women are naturally inferior to men than to assume that sensations of light resemble the reality of which they are sensations. In this case, as in other instances of natural philosophy, we acquire reliable knowledge of a complex social reality, not simply by consulting our sensations, but by speculating about the underlying and – for the most part – unobservable structures that cause our perceptions of it.

OBJECTIONS TO SCHOLASTIC EXPLANATIONS

If we have to speculate, we need to distinguish between speculations that explain things and those that do not [3]. There was a well-known Cartesian objection to a style of metaphysical speculation that was popular

---

1. *De l'égalité, op. cit.*, p. 97.

2. *Ibid.*, p. 64.

3. Poulain hints at how to construct genuine explanations of natural phenomena in his discussion of liquidity (*ibid.*, p. 98), which was consistent with the type of explanation proposed by contemporary Cartesian natural philosophers.

among scholastics. In general, Cartesians argued that one makes no progress in explaining any phenomenon simply by postulating a "form" or "nature" that corresponds to each reality to be explained. When applied to women, that implies that one explains nothing by inferring a so-called "nature of woman" from the manner in which women lived and behaved in the seventeenth century (or previously). What people observed in that period was the end-result of generations of custom, social influence, and a lack of education. Any inference to an underlying nature, therefore, would require distinguishing between the effects of custom and education and some underlying reality that may be significantly otherwise than how it appears – between (in Poulain's words) *"ce que la nature nous donne, et ce que l'éducation, l'exemple et la coutume nous inspirent"*[1]. According to Poulain, it was necessary to distinguish between women's true nature, as it must have been at the time of their original Creation, and the condition in which women's nature appeared after centuries of entrenched custom.

In addition to these general Cartesian reservations about the lack of explanatory value in all scholastic forms or natures, there was another reason not to rely on the theory of the soul as a distinct substance that had been officially taught by the Fifth Lateran Council (1512–17). Descartes argued consistently that we have no direct knowledge of substances, and that our knowledge of them is limited to knowledge of their properties[2]. We cannot know substances directly and independently, and then make inferences to their properties, because the argument goes in the opposite direction (from knowledge of properties to knowledge of substances). Thus if we notice certain features of women's condition that require an explanation, we make no progress by talking about a corresponding woman's "nature" (understood as a substance), about which nothing is known apart from the very features that it is meant to explain.

One of the corollaries of Poulain's historical hypothesis was that women's bodies are not relevantly different from those of men with respect to most of the offices or functions in society from which they are excluded. Poulain claims that, with the obvious exception of bodily functions that are specific to generation, *"les hommes et les femmes sont semblables presque en tout pour la constitution intérieure et extérieure du corps"*[3]. He also claims that the human head is the most important bodily organ for learning,

1. *De l'éducation, op. cit.*, p. 258. See also *ibid.*, p. 266.

2. Descartes, *Œuvres complètes, op. cit.*, AT, VII, p. 176; VII, p. 222; VII, p. 360; VIII-1, p. 25.

3. *De l'égalité, op. cit.*, p. 128.

and that women's brains work in the same way as those of men[1]. Evidently, there are differences between some men and some women in bodily strength but, for the same reasons as those offered by Marie de Gournay and Anna Maria van Schurman, Poulain rejects physical strength as a criterion for deciding if men are superior to women[2]. This was an argument that had been outlined by Plutarch in *The Education of Children*, and had been redeployed by many authors subsequently:

> Strength is much admired, but it falls an easy prey to disease and old age. And, in general, if anybody prides himself wholly upon the strength of his body, let him know that he is sadly mistaken in judgement. For how small is man's strength compared with the power of other living creatures! I mean, for instance, elephants and bulls or lions[3].

Despite the Cartesian objections to natures and forms, it is also true that, like many other feminists of the period, Poulain reminded his readers that "the mind has no sex". Therefore, if there were any natural inequalities between men and women, they could not result from the sexuality of the minds with which women were endowed. However, Poulain was not assuming a radical dualism of mind and body, or that the functioning of human minds is unaffected by the body. That kind of metaphysical dualism was far removed from the view endorsed by Descartes in his later work (such as *Les Passions de l'âme*), and from the mind-body interaction defended by the Cartesians whom Poulain was likely to have heard in Paris (such as Jacques Rohault, Gerauld de Cordemoy or Louis de La Forge). The union of the body and soul and their reciprocal interdependence was a more fundamental datum of human experience than the speculative

---

1. *De l'égalité, op. cit.*, p. 101: « *le cerveau de celles-ci est entièrement semblable au nôtre* »; p. 122: « *la tête* [...] *a en elles autant de proportion, que dans les hommes* »; p. 123: « *En voila suffisamment pour montrer qu'à l'égard de la tête seule, les deux Sexes sont égaux* »; p. 130: « *ce qu'elles peuvent par le dedans de la tête, les rend au moins égales aux hommes* ».

2. While admitting, in general, a difference in physical strength, Poulain points out the obvious conclusion: « *ce n'est pas la force du corps, qui doit distinguer les hommes; autrement les bêtes auraient l'avantage par dessus eux, et entre nous ceux qui sont les plus robustes* » (*De l'Égalité, op. cit.*, p. 129). See also *De l'excellence des hommes*, p. 319: « *la raison et l'expérience nous apprennent que pour être delicat, l'on n'en est pas moins spirituel ni moins raisonnable; et que ceux qui ont plus de force, n'ont pas toujours plus d'esprit, plus de génie, ni plus d'adresse* ».

3. *The Education of Children*, in Plutarch, *Moralia*, vol I, 5 D-E, trans. Frank C. Babbitt, Cambridge, MA, Harvard University Press, 1969.

isolation of the soul as a distinct scholastic substance[1]. Besides, if the soul were as separable from the body as scholastics had assumed, it would undermine one of the primary supports of Poulain's whole thesis, namely, the extent to which custom and habit, and the passion of self-interest, affect the false beliefs that we hold about sexual equality. If gender is understood as a cultural construct, as the sum total of the ways in which men or women are thought of and treated in a given culture, then the primary issue to be addressed in discussing the equality of men and women is neither their souls (understood as separate, immaterial substances) nor their sexual differences, but the entrenched misogynist traditions that invented spurious philosophical explanations of inequalities that resulted merely from custom rather than from nature.

In summary, Poulain challenges the perception of women's condition in society as if it revealed natural rather than social "facts" about them. He rejects as invalid, and as an example of a spontaneous mistaken judgement, the inference that women are incapable of being other than they appear to be. Furthermore, he rejects as non-explanatory the claim that one can understand women's condition in terms of their "nature":

> les jurisconsultes [...] ont attribué à la nature une distinction, qui ne vient que de la coutume [...]. On les embarrasserait fort, si on les obligeait de s'expliquer intelligiblement sur ce qu'ils appellent Nature en ce endroit [...][2].

Finally, he is reluctant to base the equality thesis on a radical substance dualism that presupposes a sexless soul that is infused mysteriously into each body by God. That would merely shift the discussion from a woman's soul to her body and, for example, to the claim that women's brains inhibit the operation of souls that would otherwise be as rational and competent as those of men. Malebranche, despite being a committed Cartesian dualist, adopted that conclusion without supporting empirical evidence.

---

1. E. Harth argued that "the concept of a soul free from bodily and therefore sexual impediments lent philosophical weight" to Cartesian feminism in *Cartesian Women: Version and Subversions of Rational discourse in the Old Regime*, Ithaca, N.Y., Cornell University Press, 1992, p. 81, and the reply by E. O'Neill, "Women Cartesians, 'Feminine Philosophy', and Historical exclusion", *in* S. Bordo (ed.), *Feminist Interpretations of René Descartes*, University Park, PA, Pennsylvania State University Press, 2003, p. 242.

2. *De l'égalité, op. cit.*, p. 95, 94-95.

On a pû voir par les choses qu'on a dites dans le Chapitre précédent, que la délicatesse des fibres du cerveau est une des principales causes qui nous empêchent de pouvoir apporter assez d'application pour découvrir les véritez un peu cachées.

Cette délicatesse des fibres se rencontre ordinairement dans les femmes [...] pour l'ordinaire elles sont incapables de pénétrer les véritez un peu difficiles à découvrir. Tout ce qui est abstrait leur est incompréhensible [...]. Elles ne considérent que l'écorce des choses [...]. Une bagatelle est capable de les détourner: le moindre cri les effraye: le plus petit mouvement les occupe[1].

A radical Cartesian dualism of mind and body was evidently consistent with a denial of the equality of men and women by attributing the cause of women's inequality to their brains!

TESTING THE HYPOTHESIS

Having rejected scholastic theories of mind and scholastic types of explanation, Poulain offers instead an historical hypothesis about how women's inferior social condition developed over time. That hypothesis would be simple to test, at least in principle: it would involve a large-scale social experiment over a long period of time, in which women are given access to all the same opportunities as men in education, employment, and in general in all roles in society from which they had been traditionally excluded. A credible decision about women's natural ability could be made only when that experiment is concluded.

Poulain shared with Descartes and with Montaigne (a century earlier) a generally negative assessment of the formal education that was then provided in exclusively male schools and colleges, in which students were trained to memorize and repeat in Latin the contents of a scholastic curriculum. Descartes concluded that women were lucky not to have had their minds contaminated by scholastic learning; consequently, they could approach questions with an open mind and could understand novel discoveries more easily than men. Poulain endorsed the same assessment:

Si l'on considérait cela de près, au lieu de mépriser les femmes, parce qu'elles n'ont pas de part aux sciences, on les en estimerait heureuses; puisque si d'un côté, elles sont privées par là des moyens de faire valoir les

1. Malebranche, *Œuvres complètes*, ed. G. Rodis-Lewis, Paris, Vrin, 1962, vol. I, p. 266-267.

talents, et les avantages qui leur sont propres; de l'autre côté, elles n'ont pas l'occcasion de le gâter ou de les perdre [1].

Poulain's own studies had equipped him merely to speak in Latin about matters that he did not genuinely understand. His spokesman in the *De l'éducation des dames* reports regretfully that, *"après avoir étudié depuis neuf ans jusqu'à vingt avec beaucoup d'application, je n'étais guère avancé"* than if he had never studied, and he had to begin all over again [2]. That suggested a need to modify radically the kind of education that was then available to men and, once modified, to offer the same revised curriculum to women.

It is not surprising that, on this issue, Poulain borrows and adapts various proposals about education that were current in Cartesian circles. He endorses Descartes' suggestion that there is only one science and one method, which is applied to different subjects [3]. Secondly, the logic of his proposed social experiment was that women must be admitted to exactly the same educational opportunities as men, and that there is no subject from which they should be excluded. There is no distinct type of women's education or women's subjects, as recommended by Juan Luis Vives in 1524, or in Poulain's contemporary François Fénelon; Poulain recommends exactly the same studies and the same authors for men and women [4]. These included the *La Logique, ou l'art de penser*, Descartes' *Discours de la méthode, Meditations,* and *Traité de l'Homme*; Cordemoy's *Le discernement du corps et de l'âme*; La Forge's *Traité de l'Esprit de l'Homme*, and Rohault's *Traité de physique* [5]. Evidently, education is not confined to reading books, and women should use their judgement or common sense to evaluate and decide all matters for themselves. *"Observez tout, regardez tout et écoutez tout sans scrupule"* [6]. He even offers the same advice that Descartes had implemented consistently in his own life, namely, not to read many books. With that in mind, if women wished to choose one philosophy among those that were accessible in French, *"je n'en sais point qui vous soit plus propre que celle de*

---

1. *De l'égalité, op. cit.,* p. 73.
2. *De l'éducation, op. cit.,* p. 281.
3. *De l'égalité, op. cit.,* p. 110.
4. J. L. Vives, *De institutione feminae Christianae,* Basel, 1538: *The Education of a Christian Woman,* trans. Ch. Fantazzi, Chicago, University of Chicago Press, 2000; *Fénelon on Education,* trans. H. C. Barnard, Cambridge, Cambridge University Press, 1966.
5. *De l'éducation, op. cit.,* p. 272.
6. *Ibid.,* p. 273.

Descartes"[1]. However, Poulain was quick to emphasize that he did not claim "*que Descartes soit infaillible; que tout ce qu'il a avancé soit vrai et sans difficulté; qu'il le faille suivre aveuglément*"[2] That critical attitude recommended for other authors applied equally to Descartes.

By using their "common sense", women could study all the same subjects as men. Among these, however, one or two subjects were not strongly recommended, especially rhetoric: "les livres de Rhétorique tels que nous les avons" were judged to be not much use for learning how to think and speak well[3]. This reflects the negative assessment found in *De l'Égalité*, where rhetoric is described as a kind of "verbal optics"[4] that can be used to deceive listeners, like the tricks of a magician.

Of course, for exactly the same reasons as those mentioned by Anna Maria Van Schurman, Poulain does not claim that all women are equally capable of benefiting from education, no more than all men.

> Je ne soutiens pas qu'elles soient toutes capables des sciences et des emplois, ni que chacune le soit de tous: personne ne le prétend non plus des hommes; mais je demande seulement qu'à prendre les deux Sexes en général, on reconnaisse dans l'un autant de disposition que dans l'autre[5].

The proposal, then, was to admit women in general, on an equal basis with men, to all kinds of study and to allow them to compete for admission to all offices and professions.

The admission of women to most professions, including that of a professor or judge, was a revolutionary thesis in the seventeenth century, although it is taken for granted in many societies today. However, Poulain also included in his list of professions that of a pastor or minister in a church, which continues to be a bridge too far for many religious traditions. This, then, is possibly the most relevant and realistic example today of Poulain's underlying hypothesis – that an exclusion based only on custom gets transformed into something else, such as "nature" or "God's command".

> L'emploi le plus approchant de celui de Maître, c'est d'être Pasteur ou Ministre dans l'Église, et l'on ne peut montrer qu'il y ait autre chose que la Coutume qui en éloigne les femmes. Elles ont un esprit comme le nôtre,

1. *Ibid.*, p. 277.
2. *Ibid.*, p. 278.
3. *Ibid.*, p. 276.
4. *De l'égalité*, p. 91: « *L'éloquence vulgaire est une optique parlante...* ».
5. *Ibid.*, p. 71.

capable de connaître et d'aimer Dieu, et ainsi de porter les autres à le connaître et â l'aimer. La foi leur est commune avec nous: l'Évangile et ses promesses ne s'adressent pas moins à elles [...] si les hommes étaient accoutumés à voir les femmes dans une chaire, ils n'en seraient pas plus touchés que les femmes le sont des hommes[1].

That might seem to run counter to various sayings of Saint Paul: that wives should submit to their husbands (Col. 3:18), that the head of the woman is the man and the head of Christ is God (I Cor 11:3), or that women should be silent in church (I Tim. 2:11). As mentioned earlier, Poulain was not trying to prove his thesis by appealing to the Bible. However, he continued to be a Christian (though in a different church) and therefore had to reconcile his proposals about women in the church with apparently contrary biblical passages. Nonetheless, he had no difficulty in showing that the New Testament does not say that women should submit to men because of their sex or because divine law requires it, and that there is not a word about inequality and natural dependence in Paul's injunctions[2]. Paul was not *recommending* the subjection of women, no more than he was endorsing slavery for those who happened to be slaves when he wrote to the Colossians: "Servants, obey in all things your masters according to the flesh; not with eyeservice, as menpleasers; but in singleness of heart, fearing God" (Col. 3: 22). His message was rather that, even for those who happen to be subject to others – such as women or slaves in first-century society – they should still be Christian in whatever civil or social status they occupied. For, as Paul also declares, "there is neither male nor female, neither Jew, Gentile nor slave in relation to God"[3].

One final objection to this version of the equality thesis was that it is based on speculation, and that it lacked the certainty of the facts that opponents claimed to have observed. Poulain had two replies to this: one, that we know very few things with certainty. He complimented one of the interlocutors, in *De l'éducation des dames*, with the acknowledgement:

Je me réjouis que vous soyez convaincue que vous ne savez rien avec certitude, sinon que vous avez une volonté ferme et constante de connaître les choses de la meilleure manière qu'il vous sera possible de trouver[4].

1. De l'égalité, op. cit., p. 118.
2. De l'excellence des hommes, op. cit., p. 315; « en considération de leur sexe ou d'une loi divine [...]. Y a-t-il là un seul mot d'inégalité et de dépendance naturelle ? ».
3. Ibid., p. 315, in reference to Col. 3:11.
4. De l'éducation des dames, op. cit., p. 199.

The primary response, of course, was that the belief held by opponents of women's equality was equally speculative. It involved an invalid inference from the cultural conditions to which women were historically subject to a conclusion about their underlying "nature" or incapacities. The only way to decide between the rival hypotheses about women's equality was by conducting the educational and social experiment mentioned above. The evidence to date from that experiment suggests that Poulain, rather than his critics, was correct.

Desmond M. CLARKE

« EXAMINEZ TOUT,
JUGEZ DE TOUT, RAISONNEZ SUR TOUT ».
UNE ÉDUCATION SANS LIVRES ?

Poulain de la Barre fait peu confiance aux livres pour instruire les filles. Cette attitude a de quoi surprendre un lecteur d'aujourd'hui. Elle peut en partie s'expliquer par le contexte intellectuel du XVIIᵉ siècle, où la lecture féminine est un sujet en débat. Elle s'explique surtout par l'adhésion de Poulain au cartésianisme. Ces deux explications convergent pour suggérer qu'il donne une orientation profondément philosophique à la question de la lecture. Bien qu'elle ne soit traitée que sporadiquement, cette question a son importance dans l'élaboration de sa position féministe, car elle se trouve impliquée à la fois dans la démonstration de l'égalité des deux sexes, qui fait l'objet du premier traité : *De l'égalité des deux sexes*, et dans les projets de réforme sociale évoqués par le deuxième traité : *De l'éducation des dames*. La radicalité du point de vue qu'il y expose se révèle d'autant mieux si on la compare aux discours de ses contemporains sur les lectures profitables aux femmes. Une brève incursion sur ce terrain servira donc de préambule à l'examen du propos singulier de Poulain.

LA LECTURE FÉMININE EN DÉBAT

Les dangers de la multiplication des livres et de l'extension des pratiques de lecture sont des thèmes qui se reformulent au début du XVIIᵉ siècle à partir d'un fait nouveau : l'accroissement du lectorat féminin, encouragé par une abondante production romanesque chez les libraires les plus dynamiques. La lectrice de romans inquiète les moralistes et les théologiens. Dans le premier tiers du siècle, l'évêque de Belley, Jean-Pierre Camus, tente de réorienter ce goût vers les « histoires dévotes » dont il est un auteur prolifique[1]. En 1666 encore, dans son *Traité de la comédie*, Pierre Nicole soupçonne la femme séduite par les romans et les comédies de délaisser son ménage au profit de rêveries chimériques[2]. Aussi convient-il de détourner les femmes éduquées vers des lectures sérieuses. Mais surgit alors l'image autrement inquiétante de la « femme savante » qui prétend juger de tout et voler aux hommes leurs prérogatives[3]. L'idée s'impose donc d'une bibliothèque pour les dames, qui contrôle les lectures féminines et les adapte aux exigences de la société.

1. « Ainsi me semble-t-il, que la vraie douceur de l'Amour légitime doit remédier aux fausses et mortelles suavités de l'illégitime ; c'est pourquoi j'ai tâché de me servir des mêmes souplesses, artifices, inventions, subtilités, feintes, et industries dont se servent ces pipeurs, qui ruinent les esprits avec leurs Écrits comme sont les Lettres, Poésies, Plaintes, Prosopopées, Soupirs, Messages, Chants, Dialogismes, Apostrophes, Harangues, et autres semblables gentillesses dont ils se servent pour appâter ces Colombes séduites, qui n'ont point de cœur. » (*La première partie de l'Alexis de Monseigneur l'évêque de Belley. Où sous la suite de divers pèlerinages sont déduites plusieurs histoires tant anciennes que nouvelles, remplies d'enseignements de piété*, Paris, Claude Chappelet, 1622, « Éloge des Histoires dévotes », p. 873-874)

2. « Non seulement la Comédie et les Romans rendent l'esprit mal disposé pour toutes les actions de religion et de piété, mais ils le dégoûtent en quelque manière de toutes les actions sérieuses et communes. Comme on n'y représente que des galanteries ou des aventures extra-ordinaires, et que les discours de ceux qui y parlent sont assez éloignés de ceux dont on use dans la vie commune, on y prend insensiblement une disposition d'esprit toute de roman, on se remplit la tête de héros et d'héroïnes ; et les femmes principalement prenant plaisir aux ado-rations qu'on y rend à celles de leur sexe, dont elles voient l'image et la pratique dans les compagnies de divertissement, où de jeunes gens leur débitent ce qu'ils ont appris des romans, et les traitent en nymphes et déesses, s'impriment tellement dans la fantaisie cette sorte de vie, que les petites affaires de leur ménage leur deviennent insupportables. Et quand elles reviennent dans leurs maisons avec cet esprit évaporé et tout plein de folies, elles y trouvent tout désagréable, et surtout leurs maris qui, étant occupés de leurs affaires, ne sont pas toujours en humeur de leur rendre ces complaisances ridicules, qu'on rend aux femmes dans les comédies *et* dans les romans. » (*Traité de la Comédie, et autres pièces d'un procès du théâtre*, édition critique par L. Thirouin, Paris, H. Champion, 1998, chap. XXXIV, p. 84-85)

3. « La pédanterie n'est pas supportable en un maître ès arts ; comment le sera-t-elle en une femme ? Et quel moyen de l'ouïr parler un jour durant métamorphose et philosophie ; mêler ensemble les idées de Platon, et les cinq voix de Porphyre ; ne faire pas un compliment, où elle n'emploie une douzaine d'horizons et d'hémisphères. Et finalement, quand elle est au fond des autres matières, me dire des injures en grec, et m'accuser d'hyperbole, et de caco-zèle ? Elle veut qu'en deux vers il y ait pour le moins quatre pointes. Elle a dessein de remettre sur pied les strophes et les antistrophes. Elle règle la poésie épique et la dramatique. Elle dit qu'elle n'a point assez de patience pour souffrir une comédie qui n'est pas dans la loi des vingt-quatre heures et qu'elle suppliera très humblement Monsieur le Cardinal de faire publier cette loi par toute la France. » (J.-L. Guez de Balzac, *Le Barbon* [1648], éd. de 1663, Paris, M. Bobin et N. Le Gras, p. 63-64)

François de Grenaille indique la voie à suivre dans l'«Avis aux dames» qui ouvre sa *Bibliothèque des Dames*: «Quittez un peu les Romans pour trouver ici d'excellentes vérités, et ne faites pas plus d'état de votre satisfaction temporelle, que de votre salut éternel»[1]. Le partage des livres entre fictions et vrais savoirs recouvre l'opposition théologique entre l'existence d'ici-bas et la vie éternelle. Il ne s'agit pas toutefois de prêche mais de conseils de lecture : l'idée est d'amener les lectrices à modifier leur regard sur leur existence matérielle afin de les préparer à la conversion. Dans ce but, on leur donnera à lire des textes qui leur parlent d'elles. Le premier principe de sélection consiste donc à «fouiller bien exactement toutes les Bibliothèques des hommes pour remplir celle des Dames»[2]. Or quels meilleurs auteurs pour édifier les femmes que les Pères de l'Église? Grenaille sélectionne ceux d'entre eux qui se sont préoccupés de la conduite féminine : les remontrances de Tertullien sur la toilette et les prescriptions de saint Paul sur la décence à observer à l'église et dans l'espace public mettront les femmes en garde contre leur nature séductrice. En témoigne la proposition suivante en tête de la table des matières : «*Que la femme étant cause du premier péché, ses filles doivent moins songer au luxe qu'à la pénitence*». Ainsi déterminée par la tradition théologique misogyne, la bibliothèque pour les dames vise moins à *former* les esprits qu'à les *réformer* pour les *conformer*. D'ailleurs, à la fin de ce texte liminaire, l'auteur invite ses lectrices à choisir leur camp :

> Vous ne me saurez pas mauvais gré de vous avoir fait souvenir de l'éternité dans le temps, et d'avoir voulu empêcher les défauts de votre état, pour en faire mieux reluire les perfections. Mais comme je n'ai travaillé qu'en faveur des honnêtes femmes, je serais bien marri d'avoir l'approbation des Coquettes. Mon Livre serait bien mauvais, si elles en faisaient un bon jugement[3].

L'honnêteté est ici implicitement définie : elle consiste à lutter contre la pente pernicieuse de la *nature* féminine («les défauts de votre état») pour se conformer aux devoirs sociaux attachés à la *condition* de femme. L'auteur peut compter sur l'approbation intéressée des hommes :

> Pour les hommes, je sais que plusieurs seront bien aises que les Docteurs de l'Église empêchent les excessives dépenses de leur maison, et obligent les

---

1. F. de Grenaille, *La Bibliothèque des dames*, Paris, Toussaint Quinet, 1640, «Avis aux Dames» (n. p.)
2. *Ibid.*
3. *Ibid.*

femmes d'agréer à leurs maris, au lieu de vouloir plaire indifféremment à tout le monde.

Charles Sorel a consacré une section de sa *Bibliothèque française* – dont la seconde édition paraît en 1667 – à l'abondante production d'ouvrages destinés à l'éducation des femmes, où l'abbé de Grenaille tient une place de choix. Il en explicite la visée sociale : « On a eu grand soin de l'Instruction des Dames ; Elles accomplissent la société humaine, et les bonnes habitudes qu'elles contractent peuvent être communiquées à leurs Enfants »[1]. Dans cette perspective, il reconnaît qu'il est pertinent de restreindre la bibliothèque à l'usage des femmes : leur condition les tient à l'écart de la vie publique, et si elles cherchent du secours dans les livres pour conduire leur vie, c'est seulement de vie privée qu'il s'agit. D'où une mention particulière pour un dialogue didactique qui « donne les moyens aux Dames de se défendre contre les entreprises des Galants »[2] ; car le livre d'instruction féminine est essentiellement gardien et guide. Quant à l'instruction générale, elle leur est moins nécessaire, car « les Femmes ne se mêlant point avec nous des affaires publiques, elles ont moins de choses à apprendre et à observer que les Hommes, et que par conséquent il leur faut moins de Livres »[3].

Sorel expose moins ici son propre point de vue que la logique de cette littérature didactique. Pour sa part, il entend former par le « choix de livres français » que propose son ouvrage un « homme universel » sans égard à une profession ou une condition particulière[4]. Cet ouvrage, en effet, n'est pas un catalogue exhaustif de la production littéraire, mais un guide de lecture à travers les disciplines et les genres représentatifs de la culture de son temps. Rien ne l'empêche donc de comprendre les femmes parmi ses destinataires. Selon cette même logique, il reconnaît le talent des femmes auteurs dans la section consacrée aux romans, qu'il prolonge d'une petite digression vers l'essai pour y inclure Marie de Gournay. Et quand il mentionne explicitement les femmes lectrices, c'est en tant que cas-limites, qui lui servent à dessiner les contours de sa bibliothèque. D'une part, leur ignorance du latin légitime l'exclusion des ouvrages en cette

---

1. Ch. Sorel, *La Bibliothèque française*, Paris, Compagnie des Libraires du Palais, 1667, p. 67.

2. *Ibid.*

3. *Ibid.*

4. « Beaucoup de gens souhaiteraient un Homme universel sans le voir attaché à aucune profession. » (*Ibid.*, p. 66)

langue, fussent-ils impliqués dans l'actualité littéraire[1]. D'autre part, la pudeur des femmes permet de mettre en débat la lisibilité de certains ouvrages, notamment l'audace inconvenante de Montaigne[2].

Il n'attribue pas toutefois aux femmes des capacités intellectuelles inférieures. En témoigne l'ellipse de la destination féminine d'un ouvrage récent de vulgarisation philosophique : *La fine philosophie, accommodée à l'intelligence des dames* de René Bary. Sorel le mentionne sous le titre tronqué de : *La fine philosophie*[3]. Cette réticence a sans doute quelque raison, que l'on saisit quand on entre dans la logique du livre.

René Bary entend faciliter au lecteur l'accès au premier degré des études philosophiques, la logique, dont dépendent tous les autres (métaphysique, physique et éthique), qu'il convient à un homme du monde de gravir afin de parvenir «aux vertus morales et chrétiennes», non nécessairement par l'école mais «[...] par les livres, [...] par les méditations, [...] par les conférences»[4]. La logique a, en outre, une importance particulière pour le futur auteur de *L'Esprit de cour ou les conversations galantes*[5] et de *La Rhétorique française*[6] : elle assure les bases de l'art du discours. Or «il est impossible d'être grand homme dans la science des choses, et d'être faible dans l'art du discours»[7]. C'est pourquoi il convient de la mettre à la portée des gens du monde. Les femmes sont donc convoquées au titre de catégorie exemplaire de l'ignorance et de la pesanteur d'esprit : «l'intelligence des dames», si elle n'est pas un pur oxymore, renvoie du moins à une sous-intelligence. Leur mention dans le

---

1. Voici, à titre d'exemple, le reproche qu'il adresse à l'ouvrage d'un certain Girac paru sous le titre de *Dissertation Latine adressée à M. de Balzac* : «On ne manqua point de lui reprocher qu'il avait fait cet Ouvrage en Latin pour en ôter la connaissance aux personnes intéressées, qui étaient principalement *les Femmes et quelques Courtisans qui n'entendaient point d'autre langue que la Française.* » (*Ibid.*, p. 139 ; nous soulignons)

2. «Qu'en ce qui est des Femmes qui auront soin d'éviter tout ce qui porte la moindre marque d'impureté, il est bon qu'elles s'abstiennent de lire des Discours, où en quelque lieu elles rencontreraient ce qui déplairait à leur pudeur ; Et qu'elles feraient injure à tant de bons Livres de Morale et de Dévotion qui sont plus propres pour elles, si elles les quittaient pour celui-ci ; Que pour s'y arrêter quelque temps, il faut donc qu'elles soient de celles, dont le Jugement et la Sagesse ne redoutent rien ; Qu'enfin ce n'est point là une lecture pour des Ignorants et des Apprentifs, ni pour des Esprits faibles.» (*Ibid.*, p. 89)

3. *Bibliothèque française, op. cit.*, p. 37.

4. R. Bary, *La fine philosophie, accommodée à l'intelligence des dames*, Paris, Siméon Piget, 1660, p. 18.

5. R. Bary, *L'esprit de cour ou les conversations galantes*, Paris, Charles de Sercy, 1662.

6. R. Bary, *La Rhétorique française*, Paris, Pierre Le Petit, 1665.

7. *La fine philosophie, op. cit.*, p. 16.

titre de l'ouvrage justifie l'extension la plus large de son lectorat et des usagers potentiels d'une logique aisée à comprendre et à pratiquer. L'avertissement « Au lecteur » ne leur est pas particulièrement adressé bien qu'il fasse d'elles les représentantes les plus convaincantes du lecteur non docte.

À la même date, un vulgarisateur de philosophie, Louis Lesclache, publie un ouvrage à l'intention des dames : *Les avantages que les femmes peuvent recevoir de la philosophie et principalement de la morale*[1]. Le « professeur » de philosophie[2] y combat les idées préconçues que se font la plupart des hommes au sujet des femmes qui s'intéressent à la philosophie. Il prend le cas, à ses yeux exemplaire, d'un homme dont la femme gaspille son temps et son argent en expériences de physique, en conférences sur les « choses curieuses », en consultations d'astrologues et d'alchimistes, au point de négliger son ménage et ses devoirs religieux. Ce mari mécontent impute les désordres de son ménage à la philosophie. Le défi relevé par l'auteur sera de « lui faire avouer que le bonheur des femmes, le repos de leurs maris et le bien de l'État demandaient que les femmes s'appliquent à l'étude de la philosophie »[3]. Il y parvient en désabusant le mari des idées fausses qu'il se fait de cette étude, et en lui démontrant que les femmes peuvent trouver dans la philosophie véritable « la connaissance des choses qui leur sont utiles pour établir l'ordre dans leurs maisons, et pour entretenir leurs enfants et leurs serviteurs dans l'amour et dans la crainte de Dieu »[4]. La philosophie, réduite à sa partie morale, est ainsi subordonnée aux devoirs des femmes. Elle vise à les leur faire accepter comme conformes à l'ordre de la raison.

Lesclache s'attaque ici à deux cibles : l'une, caricaturale, englobe les fausses sciences professées par les charlatans ; l'autre est plus essentielle et plus délicate à ruiner : il s'agit d'une « méthode » destinée à libérer l'esprit de toute autorité, en laquelle il est aisé de reconnaître le cartésianisme. Lesclache la dénigre en l'assimilant à un scepticisme radical visant à saper les fondements de la foi :

---

1. L. de Lesclache, *Les avantages que les femmes peuvent recevoir de la philosophie et principalement de la morale, ou L'abrégé de cette science*, Paris, chez l'auteur et Laurent Rondet, 1667.

2. « Nous n'avons garde d'oublier *le Cours de Louis de Lesclache* : Puisque nous recherchons les Livres Français, il est à propos de nous informer de ceux d'un célèbre Professeur, qui depuis si longtemps enseigne la Philosophie en notre Langue, et qui a eu un si grand nombre d'Écoliers. Il a maintenant fait des Livres sur toutes les Parties de la Philosophie. » (Ch. Sorel, *La Bibliothèque française, op. cit.*, p. 37)

3. L. de Lesclache, *Les avantages, op. cit.*, p. 10.

4. *Ibid.*, p. 12-13.

Ceux qui accoutument leurs auditeurs à discourir problématiquement de plusieurs choses, pensent qu'ils ont trouvé l'art de bien exercer leurs esprits ; mais ils ont trouvé celui de leur faire mépriser les sciences, car celui qui a contracté une habitude de douter, croit qu'il n'y a rien de certain dans les Sciences, d'où vient qu'il les méprise et qu'il ne s'y attache pas.

Cette méthode est très pernicieuse, car elle met en péril ceux qui la suivent de combattre les vérités les plus importantes de la Religion et de tomber dans l'impiété[1].

L'esprit tendre des femmes serait en plus grand danger que celui des hommes s'il était exposé à une telle méthode, car elle les détournerait de leurs devoirs essentiels : vénérer l'ordre et adorer Dieu.

La méthode cartésienne, que dénigre le vulgarisateur de la philosophie de l'École, est précisément la voie qu'offre Poulain de la Barre, par son porte-parole Stasimaque, aux femmes désireuses de s'instruire pour affirmer leur raison et accéder à la vérité. Lesclache est présenté comme le porte-parole de la « philosophie vulgaire », dont il faut bien savoir quelque chose mais après avoir étudié celle de Descartes. La question du programme de lecture paraît ainsi extrêmement simplifiée : la bibliothèque cartésienne, ouverte à tous les domaines du savoir, telle qu'elle est présentée dans le 5e entretien de l'*Education des dames*, vient remplacer les ouvrages de morale préconisés par le philosophe vulgaire. Mais ce n'est là que le point d'aboutissement d'une réflexion beaucoup plus complexe sur la lecture, qu'il importe de suivre en tenant compte de l'ordre des traités de Poulain et de leurs finalités spécifiques.

LA NEUTRALITÉ DE L'ESPRIT ET LE SEXE DES LECTURES

En affirmant que « l'esprit n'a point de sexe », Poulain n'entend pas gommer les limitations qu'impose à l'exercice de l'esprit la condition féminine, saisie dans son contexte historique. Mais ce principe a des vertus clarifiantes. Il permet de renvoyer du côté des préjugés les dispositions traditionnellement inscrites dans la nature féminine. Quand Poulain écrit, dans *De l'égalité des deux sexes*, « les regards d'honnêteté et de déshonnêteté sont presque tous dans leur origine, les effets de l'imagination, et du caprice des hommes »[2], il libère la femme d'un préjugé qui entrave sa

---

1. *Ibid.*, p. 18.
2. *De l'égalité des deux sexes. Discours physique et moral. Où l'on voit l'importance de se défaire des préjugés* [1673], éd. M.-F. Pellegrin, Paris, Vrin, 2011, p. 125.

liberté d'explorer le monde et, corollairement, de circuler parmi les livres. La pudeur, considérée comme l'apanage naturel des femmes, fait d'elles traditionnellement les gardiennes de l'honnêteté. Cette notion a un sens restreint quand elle est appliquée aux femmes. C'est l'impératif catégorique des traités d'éducation des dames, comme en témoignent les titres des ouvrages alors fameux de l'Abbé Du Bosc et du Sieur de Grenaille : *L'honnête femme*[1], *L'honnête fille*[2], *L'honnête mariage*[3]. C'est aussi le souci de l'honnêteté qui retient Sorel – nous l'avons noté – sur la voie de l'émancipation des femmes par la lecture : de ce point de vue, il ne peut tout à fait envisager pour elle un accès illimité aux livres. Cet obstacle levé, il semblerait que Poulain ne doive mettre aucune limitation à la lecture féminine. Pourtant il ne l'envisage pas sans défiance. À la différence toutefois de ses contemporains, ses objections ne sont pas morales mais intellectuelles. Pour en saisir la rigueur philosophique, il importe de préciser les étapes du raisonnement qu'il poursuit sur cette question au fil des deux premiers traités.

Dans la première partie de *De l'Égalité des deux sexes*, Poulain pose en principe l'universalité de l'esprit humain, et donc l'égalité fondamentale des femmes et des hommes – la différence des sexes n'ayant qu'une incidence biologique, limitée à la reproduction. Puis il compare concrètement les effets de l'éducation des filles à ceux de l'éducation que reçoivent les garçons dans les plus hautes classes de la société. Il en conclut que les filles qui n'ont pas « part aux sciences » délivrées dans les collèges, sont, certes, privées des moyens « de faire valoir leurs talents et les avantages qui leur sont propres », mais qu'en contrepartie elles ne sont pas non plus exposées au risque « de les gâter et de les perdre » comme les garçons nourris de mauvais livres sous la direction de maîtres médiocres[4]. Si bien que le défaut d'instruction des filles constitue de fait une chance pour le développement de leur esprit, qui ne se trouve pas corrompu par de faux savoirs. Ce paradoxe permet, au départ de la réflexion, de faire table rase de toute lecture.

La première étape va consister à saisir par l'enquête les qualités propres de l'esprit féminin. Pour ce faire, Poulain ne se limite pas aux femmes de son milieu. Il élargit son champ d'observation à toutes les conditions

---

1. Le P. Jacques Du Bosc, *L'honnête femme*, P. Billaine, 1632 (8 rééd.).

2. F. de Grenaille, *L'honnête fille*, Paris, J. Paslé (T. Quinet et A. de Sommaville), 1639-1640.

3. F. de Grenaille, *L'honnête mariage*, Paris, Toussaint Quinet, 1640.

4. *De l'égalité...*, éd. cit., p. 73.

sociales, en ayant conscience toutefois de l'entrave qu'infligent au développement de l'esprit les modes de vie les plus pénibles et les plus asservis :

> J'ai pris plaisir – confie-t-il à son lecteur – à m'entretenir avec des femmes
> de toutes les conditions différentes, que j'ai pu rencontrer à la ville et aux
> champs, pour en découvrir le fort et le faible, et j'ai trouvé dans celles que la
> nécessité ou le travail n'ont point rendues stupides, plus de bon sens que
> dans la plupart des ouvrages qui sont beaucoup estimés parmi les savants
> vulgaires [1].

La pratique de la conversation compense amplement le manque de
lecture. Car les femmes se signalent par une éloquence naturelle nourrie
d'une vive imagination. Comme le remarque Marie-Frédérique Pellegrin,
Poulain ne tire pas ces qualités d'une topique convenue, mais les constate
comme «des manières presque spontanées de compenser l'impossibilité
sociale de développer sa raison» [2]. Comment, en effet, se manifestent ces
qualités? Par le sens de l'ordre dans l'examen d'une question, qui permet
d'y voir clair sans connaissances préalables; et par un usage fonctionnel,
non ostentatoire, du langage : «Elles ne pointillent point vainement sur les
mots, et ne se servent point de ces termes scientifiques et mystérieux, si
propres à couvrir l'ignorance, et tout ce qu'elles disent est intelligible et
sensible» [3]. Ainsi la figure antithétique de la femme naturellement
éclairée, c'est le savant dont l'esprit est obscurci par ses lectures. Les
femmes ne vont pas comme lui aux livres par les livres, mais par un libre
usage du langage. Poulain dessine ici un parcours intéressant qui, partant
des dispositions des femmes pour l'écriture épistolaire, fondée sur le
naturel, les conduit à juger avec pertinence des autres formes de discours, et
cela sans le détour par la rhétorique, mais comme de l'intérieur, par
l'intuition de la vérité du langage.

> Se peut-il rien de plus fort et de plus éloquent que les lettres de plusieurs
> Dames, sur tous les sujets qui entrent dans le commerce ordinaire, et
> principalement sur les passions, dont le ressort fait toute la beauté et tout le
> secret de l'éloquence. Elles les touchent d'une manière si délicate, elles les
> expriment si naïvement, qu'on est obligé d'avouer qu'on ne les sent pas
> autrement, et que toutes les Rhétoriques du monde ne peuvent donner aux
> hommes ce qui ne coûte rien aux femmes. Les pièces d'éloquence et de
> poésie, les harangues, les prédications et les discours ne sont point de trop

---

1. *De l'égalité...*, éd. cit., p. 74.
2. *Ibid.*, p. 74, n. 1.
3. *Ibid.*

haut goût pour elles, et *rien ne manque à leurs critiques*, que de les faire selon les termes et les règles de l'art [1].

S'il déconseille aux femmes la lecture des romans et de la poésie, ce n'est pas, comme les censeurs ordinaires, pour des raisons morales, mais parce que ce sont là des discours illusionnistes qui risquent de fausser l'exercice du jugement en contrariant le sens de la clarté et la justesse du langage [2].

Ainsi, le peu de zèle que met Poulain à développer la lecture chez les femmes provient de la sévérité avec laquelle il juge une grande part de la production philosophique et littéraire : à quoi bon infecter leur esprit des préjugés véhiculés par les livres ? Elles disposent d'ailleurs de savoirs empiriques (en médecine et en agriculture notamment) plus exacts et plus utiles que les « sciences de cabinet », et elles se les transmettent directement, sans passer par l'imprimé. Cette capacité à accéder à la connaissance indépendamment des livres qui sont censés la délivrer, Poulain va l'explorer dans une seconde étape, où il expose les moyens d'une formation intellectuelle des femmes.

Ici encore la formation philosophique dispensée dans les écoles sert de repoussoir à la démarche qu'il propose. Les jeunes gens ainsi formés ne parviennent plus, parvenus à l'âge adulte, à remettre en cause ce qu'on leur a appris dans l'enfance ; l'incapacité critique compromet leur évolution individuelle, et la méconnaissance de soi les prive de la possibilité d'ordonner leur pensée [3]. À l'opposé, les femmes qui ont naturellement une connaissance intime d'elles-mêmes qui n'a pas été dénaturée par les sciences, auront plus de facilité à prendre conscience de leur propre pensée et à la conduire méthodiquement. Elles pourront ainsi accéder à un ensemble de connaissances « proposé avec ordre ». Poulain souligne avec un certain humour que celles-ci sont plus faciles à acquérir que les arts féminins de l'aiguille : « Le reste de toutes nos connaissances étant proposé avec ordre, n'a pas plus de difficulté, et si l'on y fait attention, l'on trouvera

---

1. *De l'égalité...*, éd. cit., p. 78 (nous soulignons). Poulain emploie ici au service de la cause féministe un *topos* de la critique littéraire contemporaine qui, tout au contraire, vise à cantonner les femmes dans un genre mineur (*cf.* La Bruyère, *Caractères*, I, 37).

2. « L'éloquence vulgaire [qu'emploie la poésie] est une optique parlante, qui fait voir les objets sous telle figure et telle couleur que l'on veut ; et il n'y a point de vertu qu'on ne puisse représenter comme un vice, par les moyens qu'elle fournit. » (*De l'égalité...*, éd. cit., p. 91)

3. « [...] au contraire, toute leur science est fondée sur les jugements qu'ils ont faits dès le berceau ; et c'est parmi eux un crime ou une erreur de révoquer en doute ce qu'on a crû avant l'âge de discrétion. On ne leur apprend point à connaître l'homme par le corps, ni par l'esprit. » (*Ibid.*, p. 96)

que chaque science de raisonnement demande moins d'esprit, et moins de temps qu'il n'en faut, pour bien apprendre le Point ou la Tapisserie. » [1]. La comparaison est polémique, car c'est un motif insistant du discours misogyne que de renvoyer aux travaux d'aiguille les femmes qui veulent devenir savantes [2]. Elle est néanmoins fondée sur l'observation des opérations intellectuelles engagées dans l'apprentissage des travaux manuels, qui apparaissent plus complexes car elles ne procèdent pas par ordre mais sont parcellaires, émiettées, et relèvent de l'imitation et du savoir-faire [3]. Les règles cartésiennes, « pour la conduite de l'esprit » s'appliquent en revanche merveilleusement à l'acquisition des savoirs intellectuels.

La valeur de la « méthode » dans l'acquisition des sciences étant ainsi fondée, Poulain passe à la troisième étape, qui consiste à envisager les moyens nécessaires aux femmes pour accomplir les fonctions sociales accaparées jusque-là par les hommes. La lecture est alors réintroduite, mais comme un outil pratique. Les genres d'ouvrages mentionnés ne tendent pas à composer une bibliothèque féminine, mais signalent, à titre d'échantillon, qu'elles peuvent accéder à tous les livres réservés jusqu'alors aux hommes (on est loin de la formule de Grenaille : « fouiller dans la bibliothèque des hommes pour fournir à celle des femmes ») : « [...] au moins ne pourrait-on nier qu'elles le puissent [acquérir les connaissances] *avec le secours des Maîtres et des livres*, comme l'ont fait les plus habiles gens, dans tous les siècles » [4]. En revanche, il faut considérer qu'elles leur

---

1. *De l'égalité...*, éd. cit., p. 98.

2. « Il y a longtemps que je me suis déclaré contre cette pédanterie de l'autre sexe, et que j'ai dit que je souffrirais plus volontiers une femme qui a de la barbe, qu'une femme qui fait la savante [...]. Tout de bon, si j'étais modérateur de la police, j'enverrais filer toutes les femmes qui veulent faire des livres ; qui se travestissent par l'esprit ; qui ont rompu leur rang dans le monde. Il y en a qui jugent aussi hardiment de nos vers et de notre prose que de leurs points de Gênes et de leurs dentelles » (Guez de Balzac, *Lettres familières de M. de Balzac à M. Chapelain*, op. cit., 1661, p. 138)

3. « Il n'en est pas de même des ouvrages dont j'ai parlé. Il y faut encore plus appliquer son esprit. Les idées en étant arbitraires, sont plus difficiles à prendre, et à retenir ; ce qui est cause qu'il faut tant de temps pour bien savoir un métier, c'est qu'il dépend d'un long exercice : il faut de l'adresse pour bien garder les proportions sur un canevas, pour distribuer également la soie et la laine, pour mélanger avec justesse les couleurs ; pour ne pas trop serrer ni relâcher les points, pour n'en mettre pas plus en un rang qu'en l'autre ; pour faire les Nuances imperceptibles. En un mot, il faut savoir faire et varier en mille manières différentes les ouvrages de l'art pour y être habile ; au lieu que dans les sciences il ne faut que regarder avec ordre des ouvrages tout faits, et toujours uniformes : et toute la difficulté d'y réussir vient moins des objets et de la disposition du corps, que du peu de capacité dans les Maîtres. » (*Ibid.*, p. 99)

4. *De l'égalité...*, éd. cit., p. 103.

appliqueront le mode de lecture qui leur est propre, s'appuyant sur leur expérience pour saisir la logique de l'ouvrage. Par exemple, on peut imaginer qu'elles comprendront la politique à partir de leur connaissance intime des passions. Elles entreront ainsi dans les mobiles profonds de l'histoire, souvent méconnus des historiens, sans se laisser abuser par l'exemplarité prétendue de la conduite des grands hommes[1]. Poulain manifeste à l'égard des « histoires » la même défiance que Descartes, qui les assimilait aux fables des romans dans la première partie du *Discours de la méthode*[2].

La seconde partie de *l'Égalité des deux sexes* revient sur la question de l'éducation, cause à la fois des défauts réels des femmes et des défauts imaginaires qu'on leur attribue. Dans ce contexte la pratique féminine de la lecture est traitée de manière ambiguë. D'une part, le diagnostic de la condition intellectuelle misérable des femmes incrimine au même degré les travaux d'aiguille et les livres de dévotion, instruments d'aliénation équivalents :

> [...] toute leur Bibliothèque consiste dans quelques petits Livres de dévotion, avec ce qui est dans la cassette[3]. Toute leur science se réduit à travailler de l'aiguille[4].

Mais, d'autre part, celles qui tentent de se distinguer par d'autres lectures sont stigmatisées par la communauté féminine elle-même :

---

1. « [...] ce qu'elle saurait de la manière d'agir des hommes en général, par les réflexions qu'elle aurait faites sur elle-même, la ferait entrer dans le fin de la Politique, des intérêts, et des passions ; et l'aiderait à découvrir, le mobile et le ressort des entreprises, la source des révolutions, et à suppléer dans les grands desseins, les petites choses qui les ont fait réussir, *et qui sont échappées aux Historiens* : et suivant les idées justes qu'elle aurait du vice et de la vertu, elle remarquerait la flatterie, la passion, et l'ignorance des Auteurs, et se garantirait ainsi de *la corruption, que l'on prend dans la lecture des Histoires*, où ces défauts sont mêlés ordinairement. » (*Ibid.*, p. 108 ; souligné par nous)

2. « [...] les histoires les plus fidèles, si elles ne changent ni n'augmentent la valeur des choses pour les rendre plus dignes d'être lues, au moins en omettent-elles presque toujours les plus basses et moins illustres circonstances, d'où vient que le reste ne paraît pas tel qu'il est, et que ceux qui règlent leurs mœurs par les exemples qu'ils en tirent sont sujets à tomber dans les extravagances des paladins de nos romans, et à concevoir des desseins qui passent leurs forces. » (R. Descartes, *Discours de la méthode*, VI, 2-3, in *Œuvres complètes*, Adam-Tannery (éd.), Paris, Vrin, 1982, p. 6-7).

3. Petit coffre où les femmes resserrent ce qu'elles ont de plus précieux : c'est dire l'exiguïté presque comique de la « bibliothèque » féminine !

4. *De l'égalité...*, éd. cit., p. 133.

Et s'il arrive que quelques-unes se distinguent du commun par la lecture de certains Livres, qu'elles auront eu bien de la peine à attraper, à dessein de s'ouvrir l'esprit, elles sont obligées souvent de s'en cacher : la plupart de leurs compagnes par jalousie ou autrement, ne manquant jamais de les accuser de vouloir faire les précieuses [1].

Poulain de La Barre évoque ici – avec une subtile clairvoyance – le processus de « servitude volontaire » dans lequel les femmes s'enferment elles-mêmes en stigmatisant celles de leurs compagnes qui tentent de s'émanciper par la lecture. La formule « faire les précieuses » est judicieusement décodée dans sa fonction de maintien de l'ordre patriarcal.

Pour remédier à cet enfermement de l'esprit des femmes, Poulain envisage un mode d'éducation qui, paradoxalement, accorde peu de place aux livres. Ceux-ci ne sont pas évoqués comme véhicules du savoir : la transmission doit se faire par la parole à l'intérieur de cercles féminins, constitués moins sur le modèle des universités que sur celui du couvent. Par cette séparation des sexes, le pédagogue a le souci d'éviter, du moins dans un premier temps, que les hommes ne reprennent leur ascendant sur les femmes en s'octroyant le rôle du maître. Dans ce système, les seuls livres utiles seront les manuels destinés à former les maîtresses et à accompagner leurs tâches d'enseignement :

Et l'autre chose serait que quelque homme bien intentionné fît deux ouvrages dont le premier servît à former des maîtresses, en marquant aux femmes qui sont en âge d'étudier elles-mêmes par le secours des livres, quelle route on doit tenir pour avancer en peu de temps dans les sciences, autant que nous en avons besoin pour notre conduite particulière : et le second leur apprît la méthode qu'elles pourraient garder pour enseigner aux enfants ce qu'elles auraient appris [2].

Il en va autrement de la formation d'un esprit de femme adulte, comme l'héroïne du second traité, De l'éducation des dames.

Le livre De l'Égalité des deux sexes reparaît au début du premier des cinq entretiens qui composent ce nouvel ouvrage [3]. Sophie, l'une des interlocutrices, le tient entre ses mains, et son auteur prétendu, Stasimaque, participe à la conversation. Poulain destinait bien son premier ouvrage au public féminin, mais il prévoyait que les femmes aptes à cette lecture

---

1. Ibid.

2. Ibid., p. 178.

3. De l'éducation des dames pour la conduite de l'esprit dans les sciences et dans les mœurs [1674], éd. cit.

– c'est-à-dire les mondaines – lui présenteraient des critiques sur sa forme, qu'elles jugeraient trop aride. Il n'en déviait pas pour autant de son objectif, la recherche de la vérité, qui l'éloignait du langage du roman[1] autant qu'elle le détournait de traiter son sujet comme un sujet galant[2]. La surprise est donc grande de voir ici ce livre entièrement approuvé par une femme. Certes, le nom de cette femme, Sophie, est l'indice d'une sagesse accomplie. Elle a néanmoins besoin de s'appuyer sur un livre écrit par un homme pour convaincre son interlocuteur, Timandre, qui n'est qu'un demi-habile, de l'égalité intellectuelle des femmes et des hommes. Sophie se présente donc comme une lectrice de qualité, qui a su faire fructifier sa lecture. Quant à Stasimaque, il se garde de reprendre l'argumentaire de son livre : il est passé à une nouvelle étape de son entreprise de réhabilitation des dames et propose un ensemble de réformes pour accomplir dans la société l'égalité qu'il a démontrée en principe, en émancipant les femmes de la sujétion des hommes. L'un des effets, sinon le but unique de cette réforme, est l'accès égal aux savoirs. Le livre attribué à Stasimaque restera en arrière-plan de la discussion, comme fondement et justification de la démarche, puisque l'auteur y a prouvé que les femmes disposaient des mêmes capacités intellectuelles que les hommes. Eulalie, qui désire s'instruire, en fournira la démonstration par la pertinence de ses questions, et son évolution sensible d'un entretien à l'autre permettra d'expérimenter sur le vif la méthode d'instruction dessinée par l'*Égalité des deux sexes*.

Le deuxième entretien s'emploie donc à débarrasser l'esprit d'Eulalie de ses préjugés. Les livres sont ici une cible, puisque Stasimaque observe que les lectures traditionnellement destinées aux filles viennent renforcer les préjugés et les superstitions. Parmi les pensées qui peuplent l'esprit d'Eulalie se trouvent, suppose-t-il,

> les histoires que vous avez apprises dans votre enfance, touchant le retour des esprits et les merveilleux effets de la Magie, que vous ont racontées les femmes avec qui vous avez vécu, ou que vous avez lues dans certains livres,

---

1. « Je m'attends bien que ce traité ne leur échappera pas non plus : que plusieurs y trouveront à redire : les unes qu'il n'est pas proportionné à la grandeur ni à la dignité du sujet : que le tour n'est pas assez galant ; les manières assez nobles ; les expressions assez fortes, ni assez élevées ; qu'il y a des endroits peu touchés ; qu'on pourrait y ajouter d'autres remarques importantes : mais j'espère aussi que ma bonne volonté, et *le dessein que j'ai pris de ne rien dire que de vrai*, et d'éviter les expressions trop fortes, *pour ne point sentir le Roman*, m'excuseront auprès d'elles. » (*De l'égalité…*, éd. cit., p. 78 ; nous soulignons)

2. « Ce sujet pouvait être traité en deux façons, ou galamment, c'est-à-dire d'une manière enjouée et fleurie, ou bien en Philosophe et par principes, afin d'en instruire à fond. » (*Ibid.*, p. 55)

que les personnes de votre sexe croient être vrais, par la raison qu'ils sont imprimés [1].

En accusant la chose imprimée d'exercer sur l'esprit des filles une autorité abusive, Poulain fait entendre de nouveau sa réserve à l'égard de la lecture. Toutefois Stasimaque n'entreprendra pas de désabuser Eulalie de manière autoritaire. Il s'appuiera sur ses propres pensées. Par bonheur, elle raconte un songe qui évoque précisément sa situation intellectuelle : elle a rêvé qu'elle possédait chez elle un trésor enfoui qui devait lui faire mépriser les marchandises étrangères qui deviennent méconnaissables en passant de main en main [2]. Le quatrième entretien se consacre donc à l'interprétation de son rêve et à l'identification du mystérieux « trésor ». Stasimaque lui révèle « qu'elle en a un en elle-même, comme le reste des hommes » [3]; et, poursuit-il, « ce Trésor est une bibliothèque portative, que nous avons tous en notre personne », et dont la valeur surpasse les savoirs extérieurs, éventuellement transmis par les livres, que l'on reconnaît dans les « marchandises » importées du songe.

Une fois élucidée, cette représentation imagée et énigmatique de l'esprit humain introduit concrètement Eulalie à la démarche cartésienne de mise en ordre des ses pensées et d'acquisition progressive du savoir :

> C'est le Trésor de la science et de la sagesse, qui consiste en la connaissance de soi-même.
> [...] je vous dirai que dans l'état où j'ai lieu de croire qu'est présentement Eulalie, je la dois considérer comme une Princesse opulente qui a un Trésor immense où sont en confusion quantité de Médailles et de pièces différentes; et qui après avoir ôté celles qui ne sont pas de bon aloi, veut séparer toutes les autres, et les rapporter chacune à son espèce particulière.
> C'est en effet, ajouta-t-il, en s'adressant à Eulalie, tout ce que vous avez à faire; et le conseil que vous me demandez, ne regarde du tout, que *l'ordre que vous avez à mettre entre vos pensées* [4].

La valeur inestimable de cette bibliothèque intérieure disqualifie les bibliothèques des sciences composées de « gros volumes, dont le nombre épouvante ceux qui croient que la lecture en est nécessaire pour devenir savant » [5]. Et dans la mesure où la clef de cette bibliothèque est la raison et son objet premier « la science de nous-mêmes », on peut encore la réduire à

1. *Ibid.*, p. 183.
2. *Ibid.*, p. 232.
3. *Ibid.*, p. 238.
4. *Ibid.*, p. 238-239 (nous soulignons).
5. *Ibid.*, p. 245.

un seul livre, celui que tout aspirant à la connaissance porte en soi : « pour mieux dire, nous sommes nous-mêmes le livre où il la faut étudier » [1]. C'est à partir de cette généalogie de la connaissance où le livre a valeur métaphorique que l'on peut comprendre la place et la fonction accordée à la bibliothèque cartésienne dans le cinquième entretien.

Il est remarquable que sa présentation ait été si longtemps différée. Il faut qu'Eulalie ait exprimé le souhait d'« avoir les livres qui peuvent aider à acquérir les connaissances dont on venait de parler, et dans quel ordre on doit les lire » [2], pour que Stasimaque lui propose quelques titres. Car son principe était de retarder le recours aux livres pour laisser l'esprit d'examen et l'exercice de la raison se développer de manière autonome le plus longtemps possible. La matière de cet exercice est l'expérience du monde plutôt que les abstractions de l'esprit, ce que Stasimaque développe par une série d'injonctions :

> Observez tout, regardez tout et écoutez tout sans scrupule. Examinez tout, jugez de tout, raisonnez sur tout, sur ce qui s'est fait, sur ce qui se fait, et sur ce que vous prévoyez qui se fera. Mais sur toutes choses, ne vous payez point de mots, ni d'un ouï dire. Vous avez une Raison, servez-vous en, et ne la sacrifiez aveuglément à personne [3].

La bibliothèque que toutefois il consent à livrer à son élève est composée des ouvrages écrits par Descartes lui-même ou par ses disciples, qui, grâce à la diversification croissante de leurs travaux, se trouvent occuper tous les domaines du savoir. Il ne la propose pas sous la forme d'un catalogue, mais selon un ordre qui épouse les progrès de l'esprit de la lectrice. Ainsi, débuter par la géométrie lui permettra de se former une idée claire de la recherche de la vérité, car ces matières sont « exemptes de préjugés ». On peut supposer que s'il convient à Eulalie de poursuivre par la *Grammaire générale et raisonnée* d'Arnauld et de Lancelot et la *Logique* de Port-Royal, c'est qu'elle a l'expérience directe de ce dont traitent ces ouvrages : le langage et le raisonnement. Ensuite seulement elle abordera les livres de Descartes : le *Discours de la méthode* et les *Méditations*, tandis qu'elle s'instruira de sa Physique dans le traité de vulgarisation qu'en a tiré Jacques Rohault. Par ses choix, Stasimaque se révèle soucieux tout à la fois de ne pas restreindre l'accès d'Eulalie à une philosophie qui peut lui assurer la maîtrise de sa propre pensée, et d'éviter de charger son esprit de savoirs

---

1. *De l'égalité...*, éd. cit., p. 238.
2. *Ibid.*, p. 271.
3. *Ibid.*, p. 273.

techniques inutiles dans ce moment d'émancipation intellectuelle. Le rejet de la théologie au profit du seul Nouveau Testament, qui est le fondement de tous les discours des théologiens, témoigne de cette intention. En outre, en invitant Eulalie à lire les lettres écrites par Descartes à Christine de Suède et à Elisabeth de Bohème, Stasimaque se recommande de l'attitude singulière du philosophe, qui a souhaité non pas seulement mettre sa philosophie à la portée des femmes – ce qu'il déclare dans le *Discours de la méthode* –, mais l'élaborer à l'épreuve du dialogue avec des interlocutrices particulières, puisque le *Traité des passions* – livre également conseillé à Eulalie – est né de la correspondance avec Elisabeth. Eulalie, *celle qui parle bien*, prend implicitement la suite de ces illustres interlocutrices.

Quand elle demande à Stasimaque de justifier qu'il ait choisi pour l'instruire la philosophie cartésienne, il a deux types de réponse. La première tient à sa propre expérience, qui l'a conduit à se tourner vers cette philosophie après avoir constaté que sa longue fréquentation de la scolastique enseignée à l'université l'avait rendu incapable de penser par lui-même. La seconde prend en compte l'intérêt particulier des femmes. Sur ce plan, la philosophie cartésienne présente trois types d'avantages. C'est une « philosophie française » [1] – c'est-à-dire écrite en français – ce qui dispense son lecteur (et sa lectrice) de la connaissance du latin et du grec, gain de temps précieux pour les femmes. C'est la méthode la plus apte à combattre les préjugés, ce qui est le but premier que doit se proposer une femme dans l'exercice de son esprit[2]. Enfin c'est « la méthode la plus universelle » [3], donc la seule capable d'amener les femmes à user de la raison qu'elles possèdent à l'égal des hommes. Stasimaque ne méconnaît pas la difficulté de lire les livres de Descartes. Il souligne l'écart qui sépare le discours philosophique des « entretiens ordinaires » qui brassent des « opinions communes » [4]. Il ne minore pas la part d'implicite que produit, en chaque livre, son interconnexion avec les autres. Aussi suggère-t-il une méthode de lecture en trois temps, la première phase consistant à repérer la structure de l'ouvrage, la seconde permettant à la lectrice d'entrer dans le détail, et la troisième d'assimiler ce qui peut nourrir sa propre réflexion. Mais cette

---

1. *Ibid.*, p. 277.
2. Si Stasimaque met en garde Eulalie contre l'inutilité de lire les livres qu'il lui conseille « avant que d'avoir fait cette étude importante de vous-même, de laquelle dépend tout le reste », c'est qu'il s'agit par là de traquer ses préjugés. « Appliquez-vous d'abord à découvrir la cause et la source des préjugés populaires, en recherchant dans vous-même la voie par où ils sont entrés dans votre esprit. » (*Ibid.*, p. 273)
3. *Ibid.*, p. 278.
4. *Ibid.*, p. 275.

démarche idéale ne doit pas être un carcan. Stasimaque veille à ne pas rebuter la lectrice par un effort disproportionné au profit qu'elle pourra tirer de sa lecture. Aussi en vient-il à suggérer à Eulalie un mode de lecture qui relève de l'attention flottante : « Ne vous opiniâtrez donc pas […] à vouloir entendre d'abord un livre, et à ne le point quitter que vous ne l'ayez entendu » [1]. Elle se contentera de méditer sur les passages qu'il lui aura marqués. Ainsi la lecture n'aliènera pas l'esprit comme dans l'enseignement dogmatique, mais dynamisera son exercice.

La question de la lecture met en lumière la rigueur avec laquelle Poulain applique à la situation concrète des femmes de son temps son principe radical d'égalité. Certes, au fondement de l'inégalité de condition des hommes et des femmes, il y a le défaut criant d'éducation dont souffrent celles-ci. Mais pour y remédier, il ne s'agit pas de leur donner l'éducation imposée à ceux-là. Il faut au contraire voir dans leur ignorance un état primitif du développement de l'esprit humain, indemne des faux savoirs que l'école inculque aux garçons à un âge où ils sont encore incapables d'en juger. Loin d'ouvrir aux femmes l'encyclopédie cumulée par des générations de savants, il convient d'abord de les en tenir à l'écart. Dans quel but ? Non pas pour les maintenir dans une ignorance utile aux hommes qui ainsi peuvent les assujettir, mais afin de les amener, en tirant parti de cette ignorance, à exercer leur esprit sur leur expérience propre, à saisir en lui la source des préjugés qu'on leur a inculqués, et progressivement à prendre conscience de leur capacité à rechercher la vérité et à raisonner par elles-mêmes. Éclairé par la démarche cartésienne, Poulain peut d'une main sûre faire table rase de la bibliothèque humaniste.

Quand, dans un second temps et dans le cadre bien spécifié d'une éducation idéale, il réintroduit la lecture en la limitant à la bibliothèque cartésienne, il la subordonne étroitement à l'expérience. Sur ce point l'arrière-plan des ouvrages contemporains de philosophie pour les dames est éclairant. Chez ces éducateurs prétendument préoccupés des intérêts des femmes, il va de soi que l'expérience du monde qu'ils leur octroient est d'emblée circonscrite par des lectures étroitement dirigées : les femmes trouveront essentiellement dans les livres mis à leur disposition la connaissance de leurs devoirs. Poulain inverse la hiérarchie entre la lecture et l'expérience. C'est l'expérience du monde et l'expérience de soi librement réfléchies qui vont donner du sens et du prix à certaines lectures accordées à la recherche de la vérité. Il est par exemple significatif qu'il

1. *De l'égalité…*, éd. cit., p. 276.

juge inutile aux femmes la lecture de traités de rhétorique, qui ont une telle place dans l'éducation des hommes. La raison n'en est pas la reprise d'un *topos* de l'éloge des femmes qui les considère comme naturellement éloquentes, mais la démarche même dans laquelle les engage le type d'éducation que Poulain leur destine. Puisque l'éloquence, constate-t-il, « consiste à bien penser et à bien parler », les femmes la trouveront dans le rapport qui s'établira spontanément dans leur démarche entre « la Philosophie, l'expérience et l'usage » [1]. Nul besoin en ce cas d'une connaissance livresque des règles de la rhétorique.

Ainsi chez Poulain de la Barre la lecture féminine ne soutient pas une démarche didactique – comme, par exemple, chez Lesclache – mais accompagne et prolonge un mouvement d'émancipation assumé jusqu'au bout. Significativement, Sophie se déclare « en peine de savoir ce que c'est qu'aller trop loin » [2]. Si Poulain va plus loin que ses contemporains engagés dans la cause des femmes, y compris sur le terrain de la lecture, c'est que, sans en faire la voie majeure de leur émancipation, il n'y impose aucune restriction, mais leur ouvre la bibliothèque philosophique dans ce qu'elle a de plus moderne, c'est-à-dire les traités cartésiens. En ne se posant pas en guide de lecture et encore moins en maître, il est cohérent avec sa thèse de l'égalité des femmes et des hommes. Le projet d'« éducation des dames » s'élabore dans un dialogue qui établit la parité intellectuelle : les femmes y ont la parole autant que les hommes. C'est Eulalie qui demande à disposer d'une bibliothèque. Cette bibliothèque est composée par Stasimaque à son seul usage, ce qui confirme le caractère autodidacte du processus d'apprentissage, Eulalie étant libre d'aller y puiser à son gré les connaissances qui lui sont nécessaires. En se détournant résolument du style galant qui prétend valoriser les femmes, Poulain montre qu'il considère sérieusement la place qui leur revient dans la société. Plutôt que de leur octroyer une domination fictive à la manière des champions des dames, il leur ouvre le champ de l'exercice inventif de la raison, et il reconnaît à cette raison qu'elles possèdent à l'égal des hommes sa validité propre, en suggérant qu'elle peut parfois se passer du soutien des livres.

Michèle ROSELLINI
ENS de Lyon, UMR 5037, IHRIM

---

1. *Ibid.*, p. 276.
2. *Ibid.*, p. 227.

POULAIN DE LA BARRE :
DROITS NATURELS ET COUTUME.
UN JUSNATURALISTE RADICAL

L'HOMME DE L'ÉGALITÉ

Dans l'historiographie italienne, Poulain de la Barre est, encore aujourd'hui, un auteur complètement inconnu, tant des spécialistes du XVIIᵉ siècle que des historiens de la pensée politique, malgré le travail de Maria Corona Corrias et le mien sur Poulain[1]. Même dans l'historiographie féministe, ce qui domine aujourd'hui, ce n'est pas sa grande idée de l'égalité entre les deux sexes, mais de la différence, qui trouve son origine dans la biologie, dans la différence des corps et de l'esprit sexué, de la "voix" différente, selon l'ouvrage de C. Gilligan[2]. Il a été oublié par les historiens qui – selon la leçon de Poulain – ont aussi leurs préjugés et sont portés à suivre la coutume. Les grands sont ceux que tous considèrent comme tels en s'appuyant sur la tradition et qui sont réfractaires aux innovations – y compris les plus nécessaires – comme d'intégrer la question des femmes dans l'histoire de la pensée politique et des théories démocratiques.

J'espère que la nouvelle trilogie féministe, avec une version modernisée du texte français, publié en 2011, par Marie-Frédérique Pellegrin[3] permettra de mieux connaître la pensée de ce philosophe.

---

1. M. Corona Corrias, *Alle origini del Femminismo moderno. Il pensiero politico di Poulain de la Barre*, Milano, F. Angeli, 1996; G. Conti Odorisio, *Poulain de la Barre e la teoria dell'uguaglianza, con la traduzione integrale de « L'uguaglianza dei due sessi »* [1673], Milano, Unicopli, 1996.

2. C. Gilligan, *In a Different Voice*, Cambridge, Harvard University Press, 1982.

3. F. Poulain de la Barre, *De l'égalité des deux sexes, op. cit.*

Poulain a été un grand philosophe, incroyablement moderne. Il croit en la raison humaine et en expliquant comment les préjugés, les idées erronées naissent et s'affirment, il pense que les hommes peuvent changer d'avis. Il aime tellement la liberté de pensée qu'il hésite à se déclarer cartésien au sens de "disciple fidèle". Il se sentait disciple de la vérité et considérait que les hommes, avec la même liberté, pouvaient soutenir des hypothèses déjà avancées par d'autres, sans se sentir pour cela disciple de personne. Poulain réfute aussi l'idée du plagiat. D'après lui, toutes les idées sont exposées comme dans un grand magasin du savoir, à la disposition de tous, et celui qui en choisit une se l'approprie puisque l'avoir choisie est déjà en soi un acte de liberté qui nous transforme en propriétaires de nos idées.

L'égalité de Poulain n'est pas une simple et grossière assimilation des femmes aux hommes, mais c'est la reconnaissance qu'une infinité de différences entre tous les êtres humains coexistent au sein d'une égalité fondamentale à la fois morale et physique.

Tolérant, modéré, doux, prudent, « le pacifique » – comme il se qualifie dans l'*Éducation des dames* –, il a été capable de soutenir la thèse la plus ingrate, la plus incroyable et la plus universelle. Contre tout ce qui existait et qui avait toujours existé, il a soutenu l'égalité des êtres humains, y compris des femmes. Suivant cette hypothèse, il a osé critiquer ce « dieu mystérieux appelé l'esprit des temps »[1], la coutume, qui s'était affirmée partout, de tout temps. En plein absolutisme, il a été le plus grand critique de la monarchie de droit divin et grâce à ce thème, il a aussi affronté celui du rapport entre la force et la justice, la nature et la culture, la raison et la tradition, les droits naturels et la coutume. Poulain écrit ainsi :

> Les hommes ont toujours eu ce malheur commun de répandre, pour ainsi dire, leurs passions dans tous les ouvrages de la nature ; et il n'y a guère d'idées qu'ils n'aient jointes avec des sentiments d'amour ou de haine, d'estime ou de mépris ; et celles qui concernent la distinction des deux sexes sont tellement matérielles et tellement brouillées de sentiments d'imperfection, de bassesse, de malhonnêteté et d'autres bagatelles, que ne pouvant être touchées sans remuer quelques passions et sans exciter la chair contre l'esprit, il est souvent prudent de n'en rien dire[2].

1. Selon la belle expression de F. Furet, in *Le passé d'une illusion*, Paris, Laffont, 1995, p. 784.
2. Poulain, *Égalité, op. cit.* (éd. Pellegrin), p. 123.

Les hommes suivent en général ce qu'ils voient, ce qui est déjà établi, en pensant que ce qui existe est juste. Par une écriture légère, désinvolte, agréable, Poulain devient donc un des critiques les plus radicaux de l'Ancien Régime et anticipe de nombreuses idées des Lumières.

Dans l'*Égalité*, Poulain se demanda pourquoi les hommes furent les seuls artisans de l'État et la réponse fut qu'au début de l'histoire des hommes, les femmes furent reléguées chez elles à cause de leurs grossesses. Elles se consacrèrent donc à leurs familles « y trouvant du reste beaucoup à faire et il ne faut pas s'étonner qu'elles n'aient inventé aucune science, dont de nombreuses d'entre elles ont été créées et utilisées par des fainéants et des oisifs »[1]. Ces affirmations nous mènent à Rousseau. Par la création des États, on créa ensuite les signes extérieurs pour distinguer les autorités et leur rendre des honneurs. S'ajoutèrent donc à l'idée de pouvoir les actes extérieurs de soumission et d'hommage. Ces signes répétés menèrent les hommes à considérer comme supérieurs ceux auxquels ceux-ci s'adressaient. On finit donc par considérer comme effectivement supérieurs ceux qui avaient du pouvoir et de l'autorité. Exclues de toute forme de pouvoir, les femmes furent ainsi jugées inférieures, puisqu'on associait aux hommes des attributs de perfection sans que cela corresponde à la réalité. D'après Poulain, on pense en réalité que les femmes n'ont ni autorité ni influence, parce qu'elles n'ont pas de pouvoir. Quand elles auront du pouvoir, elles seront, elles aussi, influentes et leur langage deviendra l'instrument de ce changement. Alors on ne dira plus d'une femme, pour lui faire un compliment, qu'elle a des qualités viriles, mais on dira d'un homme, pour lui faire un compliment, qu'il est efféminé.

Ses théories sur l'égalité sont absolument radicales : elles concernent le physique et le moral et touchent tous les domaines, des sciences à la politique. Dans l'apprentissage, il n'y a pas de sciences plus difficiles que d'autres : apprendre la physique, la chimie ou l'astronomie n'est pas plus difficile que la broderie ou le point de croix. Affirmer que tous les hommes étaient égaux voulait dire non seulement affirmer que tous pouvaient faire les mêmes choses, mais aussi que ceux qui avaient les fonctions les plus élevées étaient sur le même pied que les personnes les plus humbles de la société. En soutenant l'égalité complète, tant physique que morale, entre hommes et femmes, Poulain se sert d'un argument, extrêmement rationnel, mais peu utilisé par la littérature féministe, même postérieure. Dans toute la littérature féministe, on partage l'interprétation de Poulain pour qui la sujétion des

---

1. G. Conti Odorisio, *Poulain, op. cit.*, p. 77.

femmes – pour reprendre une expression de John Stuart Mill – est due à un acte d'oppression. Poulain ne se contente pas de cette affirmation, mais il ajoute une autre argumentation, vraiment profonde et irréfutable :

> [Les hommes] par empire se sont réservés les avantages extérieurs, auxquels les femmes n'ont point de part. Car afin de pouvoir dire que ça a été par raison, il faudrait qu'ils ne les communiquassent entre eux qu'à ceux qui en sont les plus capables : qu'ils en fissent le choix avec un juste discernement : qu'ils n'admissent à l'étude que ceux en qui ils auraient reconnu plus de disposition pour les sciences ; qu'ils n'élevassent aux emplois que ceux qui y seraient les plus propres, qu'on en exclut tous les autres, et qu'enfin on n'appliquat chacun qu'aux choses qui leur seraient les plus convenables[1].

En d'autres termes, l'inégalité des femmes, déclarée naturelle et juste, minait en profondeur la société masculine, qui observait de tout autres règles.

Poulain fait le même raisonnement en matière de force physique, c'est-à-dire que souvent l'inégalité est justifiée par le fait qu'en général les hommes sont plus forts que les femmes. Poulain s'essaie à tirer toutes les conséquences de cet argument grossier. Il affirme que s'il est juste que la force devienne un critère pour exercer le pouvoir, celui-ci devrait opérer également parmi les hommes. Mais quand donc, dans une armée ou en politique, les hommes confient-ils le pouvoir aux mains du plus fort ? Le général qui commande est souvent un militaire plus âgé et moins fort que le dernier caporal. Mais Poulain ne s'arrête pas là et il nie même la véracité de cet argument. On trouve souvent des paysannes bien plus fortes que de maigres savants. Les différences existent donc, mais elles ne se situent pas toujours entre les genres et on peut voir deux hommes très différents entre eux, ainsi que des femmes et des hommes très semblables.

POULAIN « ILLUMINISTE »[2] RADICAL ?

En 2004, l'historien hollandais Siep Stuurman[3] a consacré un travail important à Poulain. Écrit en anglais et publié par la Harvard University Press, il a finalement éveillé l'attention des chercheurs pour cet auteur. Stuurman place Poulain dans le contexte de la crise de la conscience

---

1. Poulain, *Égalité, op. cit.* (éd. Pellegrin), p. 70.
2. J'emplois ce terme dans le sens d' « homme des Lumières ».
3. S. Stuurman, *François Poulain de la Barre and the Invention of Modern Equality*, Cambridge Ma., London, Harvard University Press, 2004.

européenne, comme moi aussi j'avais proposé de faire. Poulain est un des exemples les plus évidents de cette crise des mentalités des années 1670-80 dans laquelle, j'ajoutais, « il faut y insérer la façon de juger les relations entre les genres »[1].

La pensée de Poulain représente une étape fondamentale pour comprendre le passage du rationalisme du XVIIe siècle aux Lumières du XVIIIe siècle.

Au sujet des Lumières, dans ses importants travaux, l'historien anglais Jonathan Israel a proposé une nouvelle interprétation de l'illuminisme[2]. Tout d'abord, Israel s'oppose à une certaine vision de l'illuminisme, trop souvent jugé uniquement sous un angle négatif, comme une « philosophie superficielle, décevante, eurocentriste, impérialiste et destructrice »[3]. Il affirme, à juste titre, qu'au contraire, l'illuminisme a été et est encore un des facteurs les plus importants qui ont contribué à la formation de la réalité contemporaine. Cette nouvelle perspective sur l'illuminisme porte à la conclusion qu'on ne peut pas associer directement Lumières et terreur, Lumières et totalitarisme. Israel critique la culture relativiste de la société actuelle, qui déclare impossible toute vérité objective et condamne toute position « constructiviste », comme s'il était possible de prédisposer une quelconque politique sans avoir à l'esprit un objectif à atteindre, en croyant même qu'aucun problème ne puisse se résoudre et que lorsqu'un problème vient d'être résolu il en surgit un autre.

L'autre innovation d'Israel, qui laisse quelques doutes, c'est la thèse suivante. Israel distingue deux courants au sein des Lumières : l'illuminisme radical et l'illuminisme modéré, divisés et opposés entre eux. Dans le premier, on trouve les principes et les valeurs laïques de la démocratie, de la liberté de pensée et d'expression, de la tolérance religieuse, de l'égalité entre les genres. Dans le deuxième, inspiré par Locke et Newton, on essaie de concilier les réformes, les changements dans les croyances religieuses en place et les traditions sociales.

Cette distinction très radicale, sans aucune nuance, soulève quelques doutes quant à son application à tous les philosophes – je pense à Poulain et à Linguet – à l'apogée de l'illuminisme[4]. Mais Stuurman soutient – à juste

1. G. Conti Odorisio, *Poulain de la Barre, op. cit.*, p. 38-39.

2. J. I. Israel, *Radical Enlightenment, op. cit.* ; *Enlightenment contested, Philosophy, Modernity and the Emancipation of Man 1670-1752,* Oxford New Yok, Oxford University Press, 2006.

3. J. I. Israel, *Enlightenment contested, op. cit.*, p. V.

4. J. I. Israel, *Radical Enlightenment, op. cit.*, p. 11-12.

titre selon moi – que la position de Poulain ne peut pas être définie dans ce cadre et que les conceptions féministes égalitaires de Poulain méritent d'être définies comme radicales. M.-F. Pellegrin partage cet avis et estime que la notion de radicalité exprime bien la position de Poulain qui « dérive de ruptures idéologiques qui le marginalisent et qui visent à une réforme socio-politique globale » [1].

En ce qui concerne l'aspect plus général de la théorie d'Israel, sa datation de l'illuminisme radical, qui situe le début de l'illuminisme dans la deuxième moitié du XVIIe siècle, me semble assez problématique, car tous les philosophes de cette période deviendraient dès lors illuministes : Bayle, Spinoza, Locke, Poulain de la Barre. Il ne s'agit pas ici de défendre une convention traditionnelle qui situe le début de l'illuminisme en tant que tel dans la première moitié du XVIIIe siècle, mais de considérer les caractéristiques propres du XVIIe siècle, dont l'histoire serait nivelée uniquement sur la continuité avec l'illuminisme du siècle suivant. Au XVIIe siècle aussi, il y a eu, comme le prouve le cas de Poulain, des idées radicales, modernes, qui anticipent des motifs illuministes, sans pour autant pouvoir être assimilés à l'illuminisme tout court. En effet, dans sa façon d'être et de raisonner, Poulain conserve de nombreux traits typiques de la culture de l'honnête homme du XVIIe siècle.

Par ailleurs, selon Stuurman, Poulain aurait des conceptions politiques timides et ses analyses sociales radicales ne se concrétiseraient pas sur le plan politique. D'après moi, en revanche, Poulain est sans aucun doute un radical, dans le sens indiqué par Pellegrin, c'est-à-dire conscient que la défense du principe d'égalité menait à une critique « radicale » de la société de l'Ancien Régime. Le fait qu'il n'ait pas toujours explicité ses nouveautés sur le plan politique s'explique justement par sa culture typique du XVIIe siècle. Comme l'indique d'ailleurs un passage de sa préface à l'*Égalité*. Après avoir dit combien son discours était sérieux, difficile et délicat, il ajoute à la fin :

> Enfin, si quelqu'un se choque de ce Discours, qu'il s'en prenne à la vérité et non à l'auteur; et s'il devait lui causer trop de déplaisir, qu'il pense aussi qu'il s'agit d'un jeu d'esprit [...] qui empêchant la vérité d'avoir prise sur nous, la rend de beaucoup moins incommode à ceux qui ont peine à la souffrir [2].

1. M. F. Pellegrin, *Un féminisme philosophique*, in Poulain de la Barre, *Égalité, op. cit.*, p. 19-20.
2. Poulain, *Égalité, op. cit.* (éd. Pellegrin), p. 57.

Aucun vrai illuministe ne se serait soucié de ne pas trop faire souffrir un adversaire en lui offrant une motivation concrète.

Si on ne peut définir Poulain comme un précurseur des Lumières, à mon avis, la dénomination la plus précise qu'on puisse lui accoler est celle de jusnaturaliste radical, ou simplement de seul vrai jusnaturaliste. En effet les jusnaturalistes les plus connus, comme Grotius, Locke et Pufendorf, ne devraient pas être définis comme des jusnaturalistes « modérés », mais comme des jusnaturalistes incohérents, bien que leurs incohérences aient été historiquement utiles et aient contribué à créer ce contexte de progrès où insérer les droits des femmes.

C'est ici que je souhaite aborder un autre aspect non négligeable de la critique qu'Israel adresse à notre philosophe cartésien, et non spinoziste.

Dans le chapitre sur *Sex, Marriage, Equality of Women*[1], Israel revient sur la séparation très nette entre philosophes radicaux et modérés à propos de l'égalité sexuelle, la chasteté et les relations amoureuses. Pour Israel, la vision égalitaire de Poulain entre hommes et femmes serait sérieusement remise en question par son idée que les femmes non mariées sont plus enclines à la chasteté et à un style de vie austère que les hommes non mariés, et que les femmes mariées arrivent mieux à contrôler leurs passions que les hommes. La conclusion est que

> malgré son égalitarisme et sa modernité, Poulain pense que la vertu est marquée par le genre, que la vertu est différente pour les hommes et les femmes et que pour ces dernières la vertu est orientée vers le renoncement sexuel, le renoncement aux plaisirs sexuels[2].

En réalité, les faits soulignés par Poulain décrivent une situation réelle, dont on ne peut, à mon avis, tirer aucune conclusion sur les tendances sexuelles des femmes. Il est tout à fait normal que, dans le cadre de l'époque, vu les principes moraux et religieux enseignés aux femmes, et les différentes conséquences que l'acte sexuel comportait, le comportement des femmes non mariées, soit, aux XVIIe et XVIIIe siècles, plus enclin à un contrôle des passions. C'est une forme de sagesse et de bon sens, de prudence, que Poulain définit avec le terme de vertu. Poulain analyse la vertu de la manière suivante : « la résolution ferme et constante de faire ce qu'on juge le meilleur, selon les diverses occurrences »[3].

---

1. Israel, *Enlinghtenment contested, op. cit.*, p. 572-582.
2. *Ibid.*, p. 575.
3. Poulain, *Égalité, op. cit.* (éd. Pellegrin), p. 131.

On peut ajouter que même plus tard, au XIXe siècle, les féministes ont toujours été contre la liberté des passions, des relations sexuelles et contre la liberté sexuelle, à l'origine de conséquences différentes pour les hommes et les femmes, et de répercussions sur la maternité. Le discours de Poulain sur la vertu féminine sert à souligner une série de problèmes relatifs à la liberté sexuelle et tient compte de la spécificité biologique des femmes. La critique d'Israel exprime le point de vue masculin sur la liberté sexuelle.

POULAIN JUSNATURALISTE RADICAL

Au sujet de l'égalité des genres, il faut donc reconnaître que la pensée du « père du jusnaturalisme » – selon la définition la plus courante de Grotius – n'est guère novatrice. Sa pensée est une combinaison de rationalisme et d'empirisme et il faut dire qu'une grande partie de son empirisme est concentrée sur la question féminine. Pour donner un exemple général, il suffit de rappeler sa définition de la Jurisprudence, à savoir la science de ce qui est juste et de ce qui est injuste. En ce qui concerne les personnes, il existe dans la société des relations qui appartiennent au droit naturel. L'État « est un corps de personnes libres, qui se sont jointes ensemble pour jouir paisiblement de leurs droits, et pour leur utilité commune »[1]. Et les femmes ne peuvent être considérées comme des personnes libres, car elles sont sous la garde des maris et le mari est le chef de la femme.

L'autorité sur les personnes, pour Grotius, s'acquiert ou par la procréation, ou par le consentement. Mais dans les rapports entre les sexes, on découvre une troisième sorte d'autorité basée sur « la noblesse du sexe ». La génération donne aux pères et mères un vrai droit sur leurs enfants, avec toutefois une différence. En cas de discussion entre les parents, le principe juridique sur lequel Grotius définit la justice est que l'autorité du « père doit prévaloir, à cause de l'excellence du sexe »[2]. Grotius ajoute même que celui-ci est un principe de droit naturel, donc éternel et immuable.

La famille est donc une société entre les deux sexes, mais toute particulière, parce que la différence sexuelle amène à des obligations différentes et que la femme est placée « comme sous les yeux et à la garde du

---

1. H. Grotius, *Le droit de la guerre et de la paix* (1625) par J. Barbeyrac, Amsterdam, P. de Coup, 1724, L I, chap. I, p. 56.
2. *Ibid.*, p. 279.

mari [...], elle est obligée de garder la foy à son mari »[1]. Selon le droit naturel, pour Grotius, le mariage renferme un « engagement de la femme envers son mari »[2]. Chez les théoriciens du droit naturel, qui distinguent les lois naturelles de celles nées de l'histoire, on les confondait souvent et, comme Grotius, on faisait de la coutume une deuxième nature.

Les véritables innovations théoriques et politiques naissent du contractualisme de Hobbes, pour qui, dans l'état de nature, il y a la liberté la plus extrême et l'égalité entre tous, hommes et femmes. Hobbes critique le principe de Grotius de l'excellence du sexe. « Ceux qui attribuent le pouvoir à l'homme », écrit-il,

> comme au sexe le plus excellent, se trompent, car il n'y a pas toujours cette différence de force et de prudence entre l'homme et la femme pour qu'on puisse déterminer le droit sans la guerre[3].

Le problème qui intéresse le philosophe anglais est le suivant : quelle est donc l'origine du pouvoir de l'homme sur la femme dans la société, vu l'égalité naturelle ? Il faut reconnaître que la construction d'Hobbes est tout à fait rationaliste, extrêmement cohérente, bien qu'elle soit empreinte d'une bonne dose de rationalisme, qu'on pourrait définir comme cynique et contraire au principe d'équité et de justice. À mon avis, Hobbes est en réalité insensible au problème de l'égalité, mais il utilise ce concept pour rendre encore plus invivable l'état de nature, de façon à rendre souhaitable l'abandon de ce chaos et justifier ainsi l'aliénation de tous les droits humains au souverain. Après avoir établi que, dans l'état de nature, il n'existe aucune certitude quant à la propriété, que tout le monde a droit à tout, que l'usurpation et la guerre sont licites, Hobbes ajoute – c'est sa dernière et sa plus effrayante hypothèse – qu'il n'existe pas non plus de supériorité fondée sur la noblesse et l'excellence du sexe. Cela veut dire que c'est un état que tout homme raisonnable veut abandonner, parce que la loi de nature lui ordonne de chercher la sécurité, la paix et l'ordre et de faire tout ce qui est nécessaire pour l'obtenir[4]. Le seul principe capable de maintenir la paix et l'ordre dans la société est celui du pacte et de la convention, soit dans la constitution de l'État, soit dans les relations entre les sexes. Pour la constitution de l'État, les hommes attribuent tous leurs

---

1. *Ibid.*, p. 283.
2. *Ibid.*
3. Hobbes, *Léviathan*, Paris, Gallimard, 2000, II, XX, p. 324.
4. Hobbes, *Éléments du droit naturel et politique*, trad. fr. D. Thivet, Paris, Vrin, 2010, I, XVII, p. 117-125.

pouvoirs à un homme ou à une assemblée d'hommes. Cette autorisation accordée au gouvernement et au pouvoir l'est à condition de respecter le principe d'égalité, c'est-à-dire que tout le monde puisse en faire autant[1].

Pour les relations entre les sexes, il s'agit là aussi d'un pacte entre hommes et femmes, par lequel la femme perd sa liberté originelle, le pouvoir qu'elle avait sur le fils dans l'état de nature et l'égalité originelle : ce pacte s'appela mariage ou, comme le dit Hobbes, l'union permanente avec un homme, sans aucune condition. Dans ce pacte, il n'est pas question d'égalité, la femme perd tous ses pouvoirs à cause des lois qui règlent le mariage et la raison en est très simple. Il ne s'agit plus de la supériorité du mâle ou de la noblesse du sexe, mais de la simple connaissance du réalisme politique, à savoir que les « États ont été institués par les pères et non par les mères de famille »[2]. Le principe fondamental est donc que « dans tous les États qui ont été constitués par les pères de famille et non par les mères de famille, le pouvoir familial est attribué à l'homme »[3].

On dirait parfois d'ailleurs que Hobbes condamne la coutume, quand il écrit que les hommes suivent souvent la coutume par ignorance des causes et de la constitution originaire de ce qui est droit, juste, de la loi et de la justice[4]. Mais on voit qu'il accepte par la suite la situation de fait et qu'elle finit par acquérir une valeur normative. Il écrit que, puisque les hommes pouvaient changer n'importe quelle habitude par un mot, s'ils ne le faisaient pas, c'était parce qu'ils voulaient garder cette coutume[5].

On n'est pas certain que Poulain ait lu les œuvres de Pufendorf, parues plus tard que celle de Grotius et de Hobbes, mais il aurait pu les lire dans leur version latine. Son analyse de la théorie de Pufendorf sur la société conjugale nous permet de comprendre non seulement sa vision tradition-nelle de la femme, mais aussi la souplesse avec laquelle les juristes codifient, sur le plan des relations sexuelles, des contrats et des principes juridiques qu'ils considéreraient comme aberrants d'un point de vue public. Bien que Dieu, dans sa sagesse, ait inspiré aux deux sexes une forte inclination physique l'un pour l'autre, le mariage n'est pas, selon Pufendorf, une société naturelle, mais un devoir, c'est-à-dire un mélange

---

1. Hobbes, *Léviathan, op. cit.*, II, p. 287.

2. *Ibid.*, p. 270.

3. Voir aussi G. Schochet, *De l'idée de sujétion naturelle à l'indifférenciation par convention : les femmes dans la pensée politique de Sir Robert Filmer, Thomas Hobbes et John Locke*, in C. Fauré (dir.), *Encyclopédie politique et historique des femmes*, Paris, P.U.F., 1997, p. 73-93.

4. Hobbes, *Léviathan, op. cit.*, I, 11, p. 194.

5. *Ibid.*, p. 192.

d'instinct et de raison, qui pousse l'homme à un certain comportement pour le bien de la société. Sans cet élément éthique, comment l'homme pourrait-il se résoudre à mettre au monde des fils qui causent bien souvent des soucis et de grands chagrins ? Et comment pourrait-il se résigner « à vivre avec des femmes, dont la société paraîtrait à un homme sage également ennuyeuse et indigne de lui, sans les charmes du sexe et les attraits de l'amour ? » [1].

Du chapitre sur *Le Mariage,* le paragraphe IX est certainement le plus surprenant. Pufendorf y répète, presque avec les mêmes mots, la théorie hobbesienne sur l'égalité des sexes dans l'état de nature et sur le pouvoir masculin fondé sur le consentement de la femme, consentement brutalement établi, car il est toujours accompagné de la considération réaliste que le pouvoir appartient aux pères « parce que tous les gouvernements civils ayant été établis par des hommes, l'autorité domestique appartient à chaque père de famille » [2]. Mais on a la preuve que cette théorie de l'égalité est restée tout à fait superficielle et n'a pas été complètement absorbée par Pufendorf, d'une part lorsqu'il se réfère au principe de « la noblesse et de l'excellence des sexes », d'autre part quand il affirme que dans la famille, fruit d'une convention, d'un rapport d'amitié « où il n'entre rien de semblable à cette autorité souveraine », il y a « quelque rapport avec un petit État, de sorte qu'une femme qui y entre doit se soumettre à la direction de celui qui en est le chef » [3]. Dans ce cas, Pufendorf essaie de concilier différentes conceptions et traditions. Il précise d'abord qu'il n'est pas contraire au droit naturel d'établir des conventions dans lesquelles on approuve des situations d'inégalité [4]. Il prétend ensuite donner une certaine valeur à la prescription divine et concilier le contrat fondé sur la volonté humaine avec une histoire prédite par la volonté divine. Pour concilier les deux thèses, Pufendorf reconnaît cette dernière, mais soutient que, dans la convention, la volonté de la femme est toujours nécessaire. Malgré son infériorité, celle-ci obtient, par les conventions humaines, le pouvoir de se soumettre à son mari [5]. De plus, si le pouvoir paternel et marital est fondé sur les conventions, l'efficacité de la prescription divine

1. S. Pufendorf, *Le droit de la nature et des gens* [1670], trad. du latin par J. Barbeyrac, Amsterdam, V.ve de P. de Coup, 1734, p. 185.

2. *Ibid.,* p. 234.

3. *Ibid.,* p. 196.

4. *Ibid.* : « En vertu de la convention du mariage la condition du mari est plus avantageuse que celle de la femme ; que d'ailleurs le sexe masculin est naturellement plus noble que le féminin il résulte de là une espèce d'alliance inégale, par laquelle le mari est engagé à protéger sa femme et la femme de son côté doit du respect à son mari. »

5. *Ibid.,* p. 197.

se manifeste non « dans la sujétion où elles sont à l'égard de leurs maris », mais dans le fait « qu'elles subissent le joug avec répugnance, étant perpétuellement agitées par la passion de dominer »[1].

Très novatrice et révolutionnaire dans ce contexte historique et idéologique, la théorie des droits naturels est donc bien décevante en matière de relations entre les genres, car, loin d'ignorer le problème de la différence sexuelle, elle établit que la nature n'est pas contraire aux inégalités de sexe. Donc, tous les efforts pour créer un droit positif plus conforme aux droits naturels pour la femme se traduisent par la tentative opposée, c'est-à-dire démontrer que, dans ce cas, le droit positif correspond au droit naturel. Enfin, si, pour les hommes, les droits naturels tendent à s'identifier à la raison, à la critique des autorités et à des croyances traditionnelles, en ce qui concerne les femmes, les droits naturels se rattachent à la coutume et à toutes sortes de traditions culturelles, religieuses, juridiques.

Pour Poulain, au contraire, en suivant l'ordre de la nature et de la raison, il n'y a que l'idée d'égalité qui soit raisonnable. La coutume, pour Poulain, loin d'être une seconde nature, comme pour Grotius, est quelque chose qui arrive à nous faire trouver naturelles les choses les plus irrationnelles et absurdes. Elles prennent racine dans la société à cause des préjugés et du prestige social accordé à ceux qui défendent des causes dont on est déjà convaincus. Il arrive donc que la coutume soit associée à l'autorité des savants. Poulain écrit ainsi :

> Je trouve qu'à l'égard du sexe, ceux qui ont de l'étude et ceux qui n'en ont point tombent dans une erreur pareille qui est de juger que ce qu'en disent ceux qu'ils estiment est véritable, parce qu'ils sont déjà prévenus […] au lieu de ne se porter à croire qu'ils disent bien, qu'après avoir reconnu qu'ils ne disent rien que de véritable[2].

Sans jamais citer d'auteur, Poulain critique les jurisconsultes en général qui placent les femmes sous l'influence de leur mari et qui affirment que c'est de par leur nature que les femmes ont été éloignées de toute fonction publique, parce qu'on leur a attribué les tâches les plus modestes de la société[3].

---

1. Pufendorf, *Le droit de la nature et des gens, op. cit.*, p. 197-198.
2. Poulain, *Égalité*, éd. cit., p. 80.
3. *Ibid.*, p. 94.

Poulain n'hésite pas à critiquer toutes les hypothèses de ses prédécesseurs, qu'il considère comme vides de sens. À son avis, il serait très difficile d'expliquer en quel sens la nature a distingué les deux sexes, comme ceux-ci l'ont affirmé [1].

Dans son réalisme, l'hypothèse de Hobbes lui semble la plus vraisemblable, ce qui ne la rend pas juste et c'est là que Poulain s'écarte de l'écrivain anglais. Les hommes ont certainement favorisé leur sexe, comme les femmes l'auraient fait si elles avaient été à leur place. Mais ce manque d'équité s'explique aussi par une raison plus profonde. Si les jurisconsultes ont favorisé les hommes, c'est parce qu'ils avaient leurs préjugés et ont attribué à la nature une distinction qui ne vient que de la coutume. Tout ce qui existe ne suppose pas qu'il faille l'accepter. Toutes les lois de la nature affirment l'égalité des hommes.

La dépendance des femmes, que Hobbes avait acceptée, et qui était devenue une clause dans le contrat de mariage, doit être considérée comme un effet du hasard, de la violence ou de la coutume. Pour Poulain donc, aucun contrat ne peut justifier la soumission et la dépendance de la femme à l'égard de son mari. Leur pouvoir est une autorité de domination et d'intérêt, établie pour mieux satisfaire leurs passions. « Une autorité est un avantage que le dérèglement leur a acquis et que la coutume et les lois leur conservent » [2].

L'égalité est une notion profonde. On confond souvent la nature et la coutume, fondée sur les affinités de certaines personnes à l'égard d'une science plutôt qu'une autre, par un effet de leur constitution naturelle, alors que ce n'est souvent qu'un penchant casuel, qui vient de la nécessité, de l'éducation et de l'habitude. En allant à la source de cette coutume, on trouverait qu'elle a été établie par la loi du plus fort. Ce n'est ni faute de capacité naturelle, ni de mérite, si les femmes n'ont pas partagé avec les hommes tous les avantages de la société.

Poulain donne ainsi l'explication fondamentale de l'assujettissement des femmes qui sera reprise par J. Stuart Mill et tous les autres féministes dans l'histoire : l'infériorité des femmes dans la société n'a pas d'origine biologique, mais bien historique. Elle se transmet avec l'éducation qu'on leur donne. Le principe de la parfaite égalité entre les sexes a d'innombrables conséquences. Il faut tout d'abord étudier et comprendre comment a pu s'établir la croyance opposée et donc le rôle des préjugés, le poids de l'existant, la puissance de l'erreur, l'inutilité de l'érudition et du savoir.

---

1. *Ibid.*, p. 95.
2. Poulain, *De l'excellence des hommes*, éd. cit., p. 317.

Cela explique pourquoi, au cours de l'histoire, les hommes les plus cultivés, presque tous, ont pu soutenir des opinions aussi absurdes sur les femmes. Mais Poulain développe aussi toutes les conséquences qui dérivent du principe de l'égalité entre les hommes. Il possède une forme de logique très forte, très cohérente. Pour justifier leur conduite envers les femmes, les hommes devraient appliquer le critère distinctif du mérite [1]. Pour justifier ce principe, il faudrait qu'ils l'appliquent aussi aux hommes, c'est-à-dire n'admettre aux études que ceux qui en sont capables, n'élever aux emplois que ceux qui peuvent y prétendre et n'appliquer aux gens que ce qui leur convient le mieux.

> Nous voyons que c'est le contraire qui se pratique, et qu'il n'y a que le hasard, la nécessité ou l'intérêt qui engage les hommes dans les différents états de la société civile. Tel est contraint de prendre une robe qui aimerait mieux une épée, si cela était de son choix; et on serait le plus habile homme du monde qu'on n'entrera jamais dans une charge, si l'on n'a pas de quoi l'acheter. Combien y a-t-il de gens dans la poussière qui se fussent signalés si on les avait poussés? Et de paysans qui seraient de grands docteurs si on les avait mis à l'étude [2]?

C'est une des critiques les plus fortes de la société d'Ancien Régime, de la vénalité des offices, mais il la fait sur un ton léger, comme s'il parlait d'autre chose.

L'autre conséquence importante de l'égalité, outre la critique de la vénalité des offices dans d'Ancien Régime, c'est la désacralisation du pouvoir, la séparation du pouvoir et des qualités morales. Aucun penseur politique, à ma connaissance, n'a si profondément démoli l'apparat du pouvoir et de l'autorité liée au pouvoir. Selon le principe de l'égalité, tout le monde peut avoir de l'autorité et ceux qui en ont ne possèdent pas de qualités supérieures. Affirmations bien révolutionnaires dans une monarchie fondée sur le pouvoir divin des souverains. Ceux qui détiennent l'autorité ne doivent l'utiliser qu'en faveur du peuple. Par des mots très forts, Poulain renverse tous les rapports existants jusque-là: ce ne sont pas les individus les plus capables ni les « meilleurs » qui occupent les positions les plus importantes dans la société, mais c'est à cause de l'inégalité des biens et des conditions qu'on croit que les hommes ne sont point égaux entre eux. Ceux qui détiennent autorité et pouvoir dans la société sont considérés comme

1. Poulain, *Égalité*, éd. cit., p. 70-71.
2. *Ibid.*, p. 71.

moralement supérieurs [1]. Les femmes, qui n'avaient aucun pouvoir, n'étaient pas prises en considération. Si elles avaient eu du pouvoir, elles l'auraient été et auraient pu détenir une autorité.

Je voudrais aussi faire remarquer que Poulain est le véritable fondateur des études de genre et de la nécessité de la transmission des connaissances, ce qu'on cherche à faire, avec peine souvent, dans nos universités. Il sait qu'à côté de l'histoire officielle, il y a eu une histoire parallèle, qui a vu les femmes gouverner des États, rendre la justice, commander des armées, pratiquer les sciences, s'élever dans la théologie. Des femmes donc « exceptionnelles », en raison de conditions extérieures difficiles, car il y en aurait beaucoup d'autres qui auraient fait la même chose, si elles l'avaient pu. Mais les femmes « exceptionnelles » partagent aussi en partie le sort des autres femmes. Leur existence même a été isolée, vidée de son sens. En l'absence d'académies, de centres de recherche, « elles ne firent point de disciple [...] et tout ce qu'elles avaient acquis de lumière mourait inutilement avec elles » [2]. Les droits naturels, qui sont inaliénables, ne sont pas sujets à des prescriptions « et quelques temps que l'on en ait été privé, il y a toujours droit de retour » [3]. « Nous naissons tous juges des choses qui nous touchent ; et si nous ne pouvons pas tous en disposer avec un pouvoir égal, nous pouvons au moins les connaître tous également ». Plus on cherche la vérité, plus on la découvre rapidement : telle est la conclusion de Poulain qui anticipe celle de J. Stuart Mill : « Si les deux sexes y avaient travaillé également, on l'aurait plus tôt trouvée » [4].

Ginevra CONTI ODORISIO

---

1. Poulain, *De l'égalité des deux sexes, op. cit.*, p. 117.

2. *Ibid.*, p. 69.

3. *Ibid.*, p. 115.

4. *Ibid.*, p. 116.

POULAIN DE LA BARRE
UN LINGUISTE OUBLIÉ

François Poulain de la Barre est connu surtout pour ses trois traités pré-féministes[1]. Cependant il est aussi auteur des deux ouvrages consacrés à la langue : *Les Rapports de la langue latine à la françoise pour traduire élégamment et sans peine. Avec un Recueil Etymologique et Methodique de cinq mille mots François tirez immediatement du Latin* publié annonyment à Paris en 1672, ainsi que l'*Essai des remarques particulières sur la langue françoise pour la ville de Genève* publié à Genève en 1691. Clara Natsch fut la première chercheuse à s'intéresser à ce sujet. Elle a publié en 1927 à l'Université de Zurich la thèse *Poulain de la Barre's Bemerkungen zum genfer-Französisch*. Son livre en allemand est entièrement consacré à l'analyse de l'*Essai des Remarques particulières sur la langue françoise pour la ville de Genève*. Ces derniers temps, dans son article « Le plus ancien commentaire du discours provincial en Suisse romande : François Poulain de la Barre », Pierre Knecht nous a rappelé cet ouvrage genevois du philosophe français. À mon tour, j'ai écrit deux articles, qui ont paru en 2011 et en 2012 dans la revue polonaise *Kwartalnik Neofilologiczny*, consacrés à l'*Essai des remarques particulières* intitulés « Poullain de la Barre et ses "remarques" pour la ville de Genève (1691) » ainsi que « Poullain de la Barre et son recueil étymologique ».

En ce qui concerne le premier ouvrage linguistique de Poulain il n'existe, à ma connaissance, qu'un résumé en anglais fait par Marie-Louise Stock dans sa thèse *Poullain de la Barre : a Seventeenth-century Feminist* de 1961. Elle a consacré aussi quelques pages à présenter l'ouvrage

---

[1]. J'utilise le mot préféministe par soucie de rigueur car le terme féministe est un anachronisme et n'est employé en France qu'au XIXe siècle.

genevois de Poulain. Elle est la seule chercheuse qui embrasse dans son livre toute l'œuvre de Poulain de la Barre. Enfin, Bernard Colombat, dans son livre de 1999 *La grammaire latine en France à la Renaissance et à l'Âge classique. Théories et pédagogie*, mentionne la première œuvre de Poulain. À part ces quelques études, il n'existe pas d'autres analyses de ces deux textes linguistiques. Il semble donc nécéssaire de combler cette lacune, car Poulain n'était pas seulement « un féministe ». C'est pourquoi ma thèse d'habilitation *François Poulain de la Barre face aux problèmes de son époque* englobe six œuvres de Poulain. Un tiers de mon livre est consacré aux problèmes linguistiques abordés par le philosophe.

Les *Rapports de la langue latine à la françoise pour traduire élégamment et sans peine. Avec un Recueil Etymologique et Methodique de cinq mille mots François tirez immediatement du Latin* est le premier texte écrit par Poulain. Il le publie anonyment à 25 ans. Grâce au témoignage de Claude-Pierre Goujet, nous savons qu'il s'agit bien de Poulain de la Barre. Dans sa *Bibliothèque françoise* de 1740, dans le chapitre « Des traités sur la manière de traduire », il énumère deux auteurs Etienne Dolet *La Maniere de bien traduire d'une langue en autre* (1540) et Gaspard Tende *Regle de la traduction, ou Moyens pour apprendre a traduire de latin en françois* (1660). Quelques pages plus loin il ajoute :

> Avec l'ouvrage de Gaspard de Tende, vous pourriez joindre le petit livre du sieur Poulain intitulé *Rapports de la langue latine à la françoise pour traduire élégamment et sans peine*. C'est un volume in -12. imprimé en 1672. C'est de cet Auteur que nous avons le Traité *De l'égalité des deux sexes*, & celui *De l'éducation des Dames pour la conduite de l'esprit, dans les sciences, & dans les moeurs, en forme d'entretiens*[1].

Goujet ne cite que la première partie du titre de l'œuvre de Poulain. Cependant il y a encore le second élément de cet opuscule *Recueil Etymologique et Methodique de cinq mille mots François tirez immediatement du Latin*.

Le livre du jeune Poulain qui compte cent pages est divisé en deux parties. Le but de la première partie est, comme nous suggère le titre, d'apprendre à « traduire elegamment et sans peine »[2]. Si nous analysons la

---

1. C.-P. Goujet, *Bibliothèque françoise ou histoire de la littérature françoise* (vol. I-VI), vol. I : *Des traités sur la manière de traduire* [Paris, 1740] Genève, Slatkine Reprints, 1966, p. 198.

2. F. Poulain de la Barre, *Les rapports de la langue latine à la françoise pour traduire élégamment et sans peine. Avec un recueil etymologique & methodique de cinq mille mots françois tirez immediatement du latin*, Paris, Ve, G. Thiboust, 1672, p. 2.

suite du titre concernant le recueil étymologique «utile pour aider à retenir»[1], nous pouvons constater qu'il s'agit plutôt d'un manuel simple pour faciliter l'apprentissage des deux domaines: la traduction et la transformation des mots latins en français. Ce n'est donc pas un ouvrage érudit, mais conçu surtout pour les étudiants[2]. Lisant cet opuscule, nous serons plutôt déçus, car le livre ne ressemble pas aux manuels auxquels nous sommes habitués. Dans l'ensemble du texte, l'auteur n'a esquissé aucun cadre théorique, il n'a présenté aucun savoir qui concerne la grammaire latine et française. Nous n'y trouvons que de courtes introductions, ce qui suggère que son livre était destiné aux étudiants connaissant déjà le latin et les rudiments de l'art de la traduction.

Pour les spécialistes de l'histoire de l'art de la traduction c'est l'ouvrage de Gaspard Tende *Regles de la traduction, ou Moyens pour apprendre a traduire de latin en françois* de 1660 qui est le premier travail scientifique sérieux dans ce domaine. L'opuscule de Tende est devenu un modèle à suivre aussi pour Poulain. Mais il faut également citer l'œuvre de Guy Bretonneau publiée dans les années 1640 et rééditée plusieurs fois. Il s'agit de la *Méthode curieuse, et toute nouvelle, pour acheminer à la langue Latine, par observation de la Française* où l'auteur «examine les structures du latin en partant systématiquement des constructions françaises équivalentes» ce qui ressemble à la méthode proposée par Poulain[3]. Ce procédé, inauguré par Bretonneau, s'est généralisé en France. C'est pourquoi B. Colombat range l'opuscule de Poulain parmi les continuateurs de Bretonneau[4].

Comme Gaspard Tende, Poulain a présenté un corpus mais, comme son prédécesseur, il n'a pas dressé une bibliographie des auteurs et des œuvres utilisées. Comme son devancier, il compare les originaux latins à un corpus de traductions dont il n'est pas l'auteur. Il a choisi

> quelques Exemples tirés des meilleures Traductions Françaises, particulierement de celles de Ciceron, des Commentaires de César, de Quinte Curce, de Tacite, de Terence, de Florus, et de Phèdre […][5].

---

1. *Ibid.*, p. 56.
2. *Ibid.*, p. 60.
3. B. Colombat, *La grammaire latine en France à la Renaissance et à l'Âge classique. Théories et pédagogie*, Grenoble, Ellug, 1999, p. 89.
4. *Ibid.*, p. 93.
5. F. Poulain de la Barre, *Les rapports de la langue latine, op. cit.*, p. 5-6.

Poulain a divisé la première partie en deux livres. Le premier est composé de six sections où nous trouvons la classification traditionnelle des parties du discours selon les cinq déclinaisons latines : « Du substantif et de l'adjectif », « Du génitif », « Du datif », « Du l'accusatif », « Du vocatif », « De l'ablatif ». Mais il traite aussi des adverbes et des pronoms. Au début de la première section, Poulain explique par exemple quelle est la place du substantif et de l'adjectif dans la phrase latine. Il souligne en même temps que, dans la version, il faudrait séparer le nom et l'adjectif par le pronom relatif *que* ainsi que le verbe être :

> Un viel Poëte *qui est* son ennemy : *vetus poeta maleuolus*
> Les enfans *qui estoient* captifs : *Pueri captivi.*
> Un jeune homme *qui a esté* bien élevé : *Adolescens bene educatus*[1].

L'auteur insiste aussi sur le fait qu'en latin nous avons à disposition plus d'adjectifs qu'en français, ce qui a un grand impact sur la traduction des noms de pays, de villes ou encore des animaux et des plantes :

> Un vase d'argent : *vas argentum.*
> Le cri d'un cigne : *Vox Cignea.*
> Le froid de la nuit : *Frigus nocturnum*[2].

Dans la section « Du vocatif », Poulain explique en outre comment traduire des phrases latines :

> *Pater lepidissime* : Mon Pere qui estes le meilleur homme du monde.
> *Praeceptor coledissime* : Monsieur, ou, mon Maistre que j'honore infiniment, *ou* qui estes la personne du monde pour qui j'ay le plus de respect[3].

Dans cette section, l'auteur donne aussi des règles concernant la spécificité des habitudes sociolinguistiques des Romains et des Français du XVIIᵉ siècle. Le problème concerne surtout des termes d'honneur masculins constituant une marque de civilité :

> Sire, Rex potentissime, augustisime.
> Monseigneur, Princeps seressime
> A un égal, vir optime, nobilissime, clarissime[4].

---

1. F. Poulain de la Barre, *Les rapports de la langue latine, op. cit.*, p. 7.
2. *Ibid.*, p. 10.
3. *Ibid.*
4. *Ibid.*, p. 26.

Les règles pour les termes d'honneur concernant les femmes sont les mêmes, mais l'auteur constate : « qu'il arrive rarement qu'on soit obligé de leur parler en cette Langue [latine] »[1].

En revanche le deuxième livre des *Rapports de la langue latine à la françoise* est consacré aux « mots en François qu'on retranche en traduisant de François en Latin, et qu'on adjoûte en traduisant de Latin en François »[2]. Poulain a dressé une liste de vingt pages dans l'ordre alphabétique des verbes français qui n'apparaissent pas dans les constructions latines. Il a donné aussi quelques exemples des adverbes comme *bien* ou des pronoms indéfinis comme *chacun* ou *personne :*

Aller

Hos sequar : le m'en vais les suivre.
Dicem : le m'em vais vous le dire.
Supplicium decernebatur : On l'alloit condamner à mort.
Occupavit tumultum : Il alla s'emparer d'une hauteur.
Ubi vos requiram? où iray-je vous chercher, quand le temps de me payer sera venu[3]?

Bien

Provocare ausus est : Il osa bien les attaquer.
Mirabar si sic abiret : le m'étonnois bien si cela se passoit de la sorte.
Patrem tuum noui : l'ay le bien, ou, j'ay l'honneur de connoistre Monsieur vostre pere[4].

La deuxième partie des *Rapports de la langue latine à la françoise* aurait pu constituer un manuel à part, car il s'agit d'un petit dictionnaire étymologique. Si, au XVIIᵉ siècle, il paraît beaucoup de livres dont le but est de faciliter l'apprentissage du latin, il y a peu de dictionnaires étymologiques. La linguistique historique est une science assez jeune qui date du XIXᵉ siècle. Cette nouvelle discipline étudie les origines des langues européennes. Pour les langues romaines, les recherches concernent l'évolution du latin, mais aussi la différence entre le latin classique et le latin parlé. Cela explique pourquoi, au XVIIᵉ siècle, les savants ne connaissaient pas les principaux changements dans le système vocalique ou le système des consonnes latines. Mais il faut souligner qu'en même temps, à l'époque de

---

1. *Ibid.*
2. *Ibid.*, p. 36.
3. *Ibid.*, p. 35-36.
4. *Ibid.*, p. 37.

l'âge classique, l'étymologie était plutôt la distraction des gens cultivés qu'une vraie science.

Estienne Pasquier et Jean Nicot sont les premiers qui ont reconnu l'importance du latin dans la formation du français. Néanmoins beaucoup de savants étaient persuadés que les langues européennes dérivaient directement du grec ou de l'hébreu. Même certains linguistes germaniques comme Conrad Celtis et Trithème rapprochaient leur langue du grec ou du latin. Gilles Ménage est le premier qui a conçu un vrai ouvrage savant et qui a exposé sa propre conception de la recherche dans *l'Epistre dédicatoire à M. Du Puy* situé en introduction aux *Origines de la langue française* paru en 1650. Son texte remanié se trouve dans l'édition posthume du *Dictionnaire étymologique* (1694). Le *Recueil Etymologique et Methodique de cinq mille mots François tirez immediatement du Latin* de Poulain est un opuscule fort intéressant, même s'il n'est pas très érudit du point de vue des recherches d'aujourd'hui. Comme dans le cas de la première partie des *Rapports de la langue latine à la françoise*, l'auteur ne donne que de courtes remarques concernant la chute de telle ou telle lettre latine, sans jamais expliquer l'évolution des principaux changements dans le système vocalique ou le système des consonnes latines qui avaient abouti à l'apparition des mots français.

Dans la préface de son recueil, Poulain critique les ouvrages étymologiques qui étaient destinés surtout à une élite d'érudits qui connaissaient bien le latin ou le grec. L'auteur constate même que

> [...] les Livres qui ont esté jusques à present ne servent au plus qu'à apprendre, avec moins de peine, les mots étrangers, & entr'autres les mots Latins, d'où l'on tire les mots Français. On peut adjoûter que ce n'est encore que par hasard qu'ils contribuent à cet avantage [...] [1].

Il trouve aussi que la méthode choisie par ses devanciers est mauvaise. Selon lui, l'ordre alphabétique mène à la confusion dans la matière des parties du discours, ainsi qu'au désordre des mots, car tout y est confondu : le latin classique et vulgaire, l'italien, l'allemand et d'autres termes étrangers. Il constate que : « c'est deux inconveniens ont rendu, jusques icy, ces sortes d'ouvrages presque inutils » [2].

---

1. F. Poulain de la Barre, *Les rapports de la langue latine*, *op. cit.*, p. 57.
2. *Ibid.*

Contrairement à ces prédécesseurs, Poulain a conçu le recueil comme destiné aux jeunes. L'auteur souligne que sa méthode a plusieurs avantages :

> l'un, qu'elle accoutume les enfans à mettre de l'ordre dans leurs pensées : l'autre, qu'elle fait voir l'analogie de la Langue Latine & de la Françoise dans les mots; & donne ainsi moyen d'apprendre, sans beaucoup de peine, les mots Latins, dont l'on a pris les mots François : & l'on pourra de plus commencer à les apprendre tout au moins aussi-tost qu'on étudiera les Rudimens [1].

En quoi donc consiste cette méthode? Premièrement, l'auteur a réorganisé le dictionnaire préparant le groupement des mots selon les parties du discours, donc les catégories grammaticales traditionnelles (nom, article, adjectif, pronom, verbe, adverbe, préposition, conjonction, interjection). Ensuite, il propose de distinguer les substantifs par déclinaisons, les verbes par conjugaisons etc. Enfin, l'auteur a classé des mots latins dans l'ordre alphabétique en mettant «les premiers ceux dont le changement est plus simple, & plus facile» [2]. Il a, de plus, proposé deux règles : montrer d'abord les simples changements des mots latins et ensuite regrouper des mots dont l'évolution phonétique est plus problématique. Ces règles devraient faciliter, chez les enfants, la mémorisation du processus d'évolution du vocabulaire.

Le recueil étymologique contient 69 pages avec 15 groupes classés plus ou moins selon la méthode présentée dans l'introduction. Poulain de la Barre a inséré le vocabulaire de la vie quotidienne, celui du droit, de la botanique, de la théologie ou de la littérature. Mais contrairement à ce qu'il avait écrit dans la préface, il confond des mots du latin classique, du bas latin ou de l'ancien français. Par exemple, il dérive le mot français *araignée* du latin *aranca* tandis que ce substantif vient de l'ancien français (XIIIe siècle) *ara(i)gne* dérivé du latin *aranea*. De même, pour le mot français *hache*, l'auteur donne l'équivalent latin *ascia*, qui, en réalité, vient du francique *hâppia*, d'où la réapparition du *h* aspiré [h], disparu du latin. Comme ses devanciers qu'il avait si volontiers critiqué, Poulain introduit aussi, probablement sans le savoir, des mots étrangers, outre le latin ou le grec. Pour le mot français *guitare*, il donne l'étymon latin *cuhara*, tandis que ce substantif vient du mot espagnol *guitarra*, lui-même dérivé de l'arabe *gîtâra* et lui-même du grec *kithara*.

---

1. *Ibid.*, p. 58.
2. *Ibid.*

Le premier groupe du recueil traite des noms féminins de la première déclinaison latine. Poulain propose la règle selon laquelle la dernière lettre latine *a* devient *e* muet en français comme dans l'exemple *academia* – académie. Le dernier groupe, quinzième, contient des adverbes. Poulain a choisi surtout les adverbes qui ont le suffixe *–ment*. Il propose, soit d'ajouter *–ment* comme *ample* – amplement, soit le changement du suffixe latin *–ce* en *–quement* comme *authentice* – authentiquement, le suffixe – *ose* en *–eusement* comme *ambitiose* – ambitieusement, le suffixe *–iter* en – *ement* comme *æqualiter* – également ou encore *–anter* en *–amment*, *–enter* en *–emment* comme *ardente* – ardemment ou *ignorante* – ignoramment[1].

L'analyse de son œuvre prouve que l'auteur se perd parfois. Dans le deuxième groupe, Poulain a introduit les substantifs de la seconde déclinaison latine, les noms masculins terminés en *–us* et *–r*, ainsi que neutres en *–um* au nominatif[2]. Il a proposé de retrancher la dernière syllabe latine qui, soit disparaît comme *argentum* – argent, soit évolue en *e* muet. Parmi beaucoup d'exemples, nous trouvons *adulterium* – adultère[3]. Ce mot apparaît encore une fois à la page 76 dans le groupe des adjectifs neutres. Nous pouvons trouver aussi d'autres termes qui appartiennent à des groupes différents, comme le substantif *singe* p. 67 et 76 qui vient du mot latin *simius* ou sa variante *simia*. Pour la première fois, Poulain l'insère dans le groupe de noms féminins terminés en *–tia* (dans ce cas l'étymon proposé est *simia*). L'autre fois, nous le retrouvons parmi les substantifs masculins terminés en *–us* (l'étymon latin est *simius*).

Le recueil de Poulain est composé de listes des mots latins et leurs équivalents français. Certaines règles de changement de lettres proposées par Poulain de la Barre sont proches des règles phonétiques que nous connaissons aujourd'hui, comme le retranchement de la dernière syllabe ou le changement en *e* muet. Mais une énorme partie de son opuscule est constituée de listes d'exceptions, c'est pourquoi il fut obligé d'écrire que : « lors que le changement n'est pas semblable en plusieurs mots, l'on a jugé qu'il fallait faire deux colonnes separées : l'une, des mots Latins, & l'autre, des mots Français »[4].

---

1. F. Poulain de la Barre, *Les rapports de la langue latine*, *op. cit.*, p. 120-121.
2. *Ibid.*, p. 69-73.
3. *Ibid.*, p. 70.
4. *Ibid.*, p. 60.

En guise de conclusion nous pouvons constater que la méthode proposée par Poulain n'est pas vraiment claire, surtout parce qu'il n'explique pas les changements et ne répond pas à la question primordiale : pourquoi une telle évolution a eu lieu ? Il est facile de critiquer cela aujourd'hui. Mais à l'époque, Poulain ne pouvait pas connaître les règles de l'évolution phonétique en latin et dans les langues romanes. Des notions telles que l'évolution spontanée des voyelles atones ou toniques, l'évolution conditionnée (palatalisation, nasalisation, évolution des consonnes) sont les résultats de recherches qui datent du XIXᵉ siècle. Son manque d'érudition et d'explications correctes est donc excusable au regard des balbutiements de la science de son époque. Son ouvrage est le reflet de l'état de la vie intellectuelle au XVIIᵉ siècle.

Son dernier opuscule est une sorte d'essai recueillant des fautes commises par des genevois. Se situant parmi les continuateurs de Vaugelas, Poulain se révèle un puriste de la langue française – des salons parisiens. Après son arrivée à Genève en 1689, à l'âge de 42 ans, Poulain revient aux problèmes linguistiques. En 1691 il publie *Essai des remarques particulières sur la langue françoise pour la ville de Genève*. Il est fort probable que son ouvrage est fondé sur l'observation attentive du niveau langagier de ses élèves et des invités du salon de Mme Perdriau à qui le livre est dédié. Le terme d'« essai » souligne que ses remarques ne sont pas complètes :

> On donne le nom d'Essai à ce petit ouvrage, parce qu'on ne prétend pas y avoir renfermé tout ce qu'on pourrait dire sur ce sujet. Ceux qui trouverons quelque chose à y ajouter, feront plaisir & service d'en avertir[1].

Contrairement à son premier opuscule linguistique, nous possédons plus d'informations sur le second. Elles se trouvent dans la riche correspondance de Jean-Alphonse Turrettini, éminent théologien de la République des Lettres. Jacques Chenaud (médecin et membre du Conseil des Deux Cents à Genève), dans sa lettre du mois d'octobre 1691 destinée au jeune Turrettini alors à Rotterdam, transmet les salutations de plusieurs personnes, dont celles de Poulain de la Barre qui « va faire imprimer un recueil des fautes que les Genevois font dans la langue Françoise »[2]. De même, Étienne Jallabert (professeur de mathématiques), dans sa lettre du 18 novembre 1691 envoyé à Turrettini, écrit : « voici quelques nouvelles

---

1. F. Poulain de la Barre, *Essai des remarques particulières sur la langue françoise pour la ville de Genève*, Genève, s.e., 1691, p. 14.
2. BPU, Ms fr 493 (f. 250-251).

de ce pays, même de cette rue. Poulain a fait imprimer un ouvrage dédié à Perdriau sur tous les méchants mots qui se disent à Genève »[1]. Cela prouve que le livre a dû être lu par certains représentants de l'aristocratie genevoise. Néanmoins, dans la préface, Poulain souligne :

> Il y a sujet de s'étonner que dans une ville, qui est sur les frontieres les plus reculées de France, et où il y a toujours un assez bon nombre d'étrangers, et au milieu d'une contrée où le patois est fort grossier, et fort eloigné de la Langue Françoise, on ne laisse pas d'y parler, et d'y prononcer incomparablement mieux que l'on ne fait en plusieurs Province de France[2].

Il ajoute aussi que « pour les mauvais mots, et les autres fautes de Langage, il y en a incomparablement plus à Paris qu'à Geneve »[3].

Mais Poulain fait aussi une remarque importante :

> Les Génevois trainent un peu en parlant. Mais il est vrai aussi que cette petite lenteur aproche plus du juste milieu de la bonne prononciation que l'extrémité oposée ; & qu'elle ne se remarque guère que dans les femmes, & dans ceux qui ne sont point sortis de Geneve[4].

Poulain, comme d'autres linguistes, même du XXᵉ siècle, était persuadé que les genevois commettaient des fautes de langue. À l'époque, Poulain ne prenait pas en considération la situation sociolinguistique de Genève qui était assez complexe dans la deuxième moitié du XVIIᵉ siècle. Il appartient aux successeurs de Vaugelas, pour qui la norme et le bon usage de la cour et des salons étaient la référence majeure. En tant que remarqueur, il suit l'idéologie normative et la hiérarchie des usages bien établis.

Essai des remarques est un livre de 60 pages, format in-12, divisé en sept parties, appelées « Articles » où Poulain classe d'une façon un peu désordonnée, des phénomènes linguistiques. Il énumère surtout des fautes et donne le terme français correct. Cependant, l'analyse de chaque entrée de son opuscule prouve que certains termes du français genevois appartiennent, soit aux archaïsmes, soit aux mots empruntés du patois. Malgré tout, l'œuvre de Poulain est un témoignage précieux qui nous permet de mieux connaître le français parlé à Genève à la fin du XVIIᵉ siècle. Il est aussi le plus ancien glossaire du français genevois. Comme dans d'autre partie du monde francophone, dans le cas de Genève, il faut parler des particularités, soit de prononciation, soit de construction, mais surtout de

---

1. BPU, Ms fr 493 (f. 259).
2. F. Poulain de la Barre, *Essai des remarques, op. cit.*, p. 5.
3. *Ibid.*, p. 6.
4. *Ibid.*, p. 7.

lexique et de phraséologie. Voilà quelques exemples des particularités du XVIIe siècle tirées de l'opuscule de Poulain :

> **Conteste**, pour *Contestation*, *debat*, *diferent*. (Aprés plusieurs contestations, on demeura d'accord de cet article. A quoy bon, tant de contestations & de disputes ? Il y a eu de grandes contestations sur cette matiere)[1].

Selon Émile Littré, c'est un vieux mot qui est utilisé dans l'expression : *sans conteste* qui veut dire sans dispute, sans contredit :

> La maison à présent, comme savez le reste,
> Au bon Monsieur Tartuffe appartient sans conteste[2].

William Pierrehumbert écrit, dans son *Dictionnaire historique du parler neuchâtelois et suisse romand*, qu'il s'agit d'un mot français vieilli resté longtemps en usage en France. Frédéric Godefroy aussi atteste l'usage de cette expression. Nous la trouvons dans l'œuvre de Saint François de Sales : « Afin d'éviter toutes contestes et disputes »[3] ou dans le *Journal* de son voyage en Chine (1818 et 1824) de Charles Bovet, nous pouvons lire : « Je viens d'avoir avec trois ou quatre Anglais une conteste politique »[4]. Cependant, Gilles Ménage, dans ses *Observations sur la langue françoise*, rejette ce substantif[5]. Pierre Richelet préfère *contestation*.

> **Judicial**. On ne doit pas dire le *Siége Judicial* de Jesu-Christ. Il faut dire le *Trône* ou le *Tribunal* de Jesus Christ]. Tribunal signifie le Siége d'un Juge dans sa juridiction. [Lors que Jesus Christ sera sur son Trône, *ou* sur son Tribunal, *ou* sur son siége de justice. Quand il faudra comparoitre devant le Trône, *ou plutôt* devant le Tribunal de Jesus-Christ]. *Iudicial* n'est pas françois[6].

1. F. Poulain de la Barre, *Essai des remarques, op. cit.*, Article I : *Des mots qui sont hors d'Usage*, p. 2.

2. Molière, *Le Tartuffe ou l'Imposteur*, Paris, Pocket Classiques, 1998, act. V, sc. IV, v. 1753-1754, p. 117.

3. C. Natsch, *Poulain de la Barre's Bemerkungen zum genfer-Französisch*, Chur, Buchdruckerei Bünder Tagblatt, 1927, p. 68.

4. W. Pierrehumbert, *Dictionnaire historique du parler neuchâtelois et suisse romand*, Neuchâtel et Paris, Éditions Victor Attinger, 1926, entrée « conteste ».

5. G. Ménage, *Observations sur la langue françoise*, seconde partie, Paris, chez Claude Barbin, 1676, p. 385.

6. F. Poulain de la Barre, *Essai des remarques, op. cit.*, p. 5.

Cet adjectif n'apparaît pas dans les dictionnaires du XVIIᵉ siècle. Il vient probablement du latin *judicialis* qui veut dire « celui qui appartient au tribunal » et apparaît avec l'arrivée de la Réforme. Nous trouvons ce mot dans la première Bible protestante traduite en français à partir des textes originaux (en hébreu et en grec) par Pierre-Robert Olivétan publiée en 1535 à Neuchâtel. Godefroy donne plusieurs exemples de l'usage de ce mot habituellement employé dans le contexte religieux où il s'agit du tribunal de Christ, donc l'expression critiquée par Poulain de la Barre : « Siege judycyal », « Je assiste au siege judicial de Cesar », « le siege judicial de Dieu », ou encore dans Institution chretienne de Calvin : « Il nous faut, dit-il, tous comparoistre devant le siege judicial de Christ »[1].

> **Molester**, pour tourmenter, chagriner, est un peu vieux [Molester une personne]. Moleste pour tourment, chagrin, vexation, ne vaut rien du tout [Il m'a fait de grans chagrins. Vous inquietez extrémement vos voisins][2].

Le verbe vient du bas latin *molestar* (la racine *molestus* signifie fâcheux, pénible). Il est attesté à partir du XIIᵉ siècle. Selon Richelet : « mot un peu vieux qui signifie *tourmenter, chagriner*. [Molester une personne] ». Nous trouvons ce verbe au sens d'importuner, tracasser, vexer dans les dictionnaires de l'Académie française, de Cotgrave et Furetière : « Tourmenter quelqu'un, & particulièrement en procés. Cet chicaneur est un homme qui *moleste* tous ses voisins en proces. On dit aussi, qu'un pays a esté *molesté* des gens de guerre »[3]. Godefroy prouve que ce verbe existe depuis le XIIIᵉ siècle. Le substantif *moleste* est prouvé par Robert Estienne. Clara Nascht donne quelques exemples de ce mot qui apparaît dans plusieurs textes de l'époque :

> Au surplus, j'écris à Madame, touchant la *moleste* qu'on veut faire (1496, Galiffe, *Matériaux pour l'histoire de Genève*, I, p. 311); […] afin qu'il se déporte de faire des torts et *molestes* a Mr notre Evêque (1527, Grenus, *Fragmens historiques sur Genève avant la réformation*, p. 147). Arrêté unanimement de tâcher de nous délivrer des oppressions et des *molestes* de la maison de Savoie (*Fragments biographiques et historiques, extraits des Registres du Conseil d'État de la République de Genève*, 1535-1792, p. 65)

---

1. F. Godefroy, *Dictionnaire de l'ancienne Langue Française et de tous ses dialectes du IXᵉ au XVᵉ siècle* [Paris, 1880-93], Genève, Slatkine Reprints, 2015, entrée « judicial ».

2. F. Poulain de la Barre, *Essai des remarques*, *op. cit.*, p. 5.

3. A. Furetière, *Dictionnaire universel contenant generalement tous les mots françois, tant vieux que modernes, & les termes de toutes les sciences et des arts*, La Haye, A. et R. Leers, 1690, entrée « molester ».

[…] que ces ennemis de Dieu ne nous fassent nulle violence ne *moleste* (Jeanne de Jussie, *Le Levain du Calvinisme au commencement de l'Hérésie de Genève*, Chambery 1611, p. 13)[1].

Pache pour *acord, pacte, convention*. [On dit que les sorciers font un pacte avec le Diable. Nous avons fait un acord, une convention, un traité avec telle personne]. En parlant d'afaires on peut se servir du mot de *paction*. (Faire une paction avec quelqu'un)[2].

Godefroy prouve que l'usage de ce mot date du XIVe siècle, la plus ancienne citation remontant à 1360. Nous pouvons trouver *pache* chez Brantôme ou Montaigne. Selon Vaugelas :

> *Pact*, ne vaut rien du tout, *pacte* est bon. On dit un *pacte tacite*, et que *les sorciers font un pacte avec le diable*, mais *paction*, est le meilleur, et le plus usité, *faire une paction*. Il y a de certaines Provinces de France, où l'on dit *pache*, pour *paction*, mais ce mot est barbare.

Nous voyons que Poulain a tiré son exemple des sorciers des *Remarques* de Vaugelas. Le *Dictionnaire de l'Académie française* propose l'usage de *paction*. Zygmunt Marzys souligne que *pache* est en usage en francoprovençal et dans la langue d'oc des régions voisines. Il est aussi attesté dans le français du XVIe siècle. Mais en même temps, il ne donne qu'un seul exemple où ce mot apparaît après 1600 : « Tu contes, cavalier, sans ton hôte, voulant/ les paches proposez n'accomplir violent. » (Hardy, *La Belle Egyptienne*, II/4, p. 86). Cependant Pierrehumbert donne les exemples qui viennent de la région du Neuchâtel :

> Cette pache honteuse de la part de la princesse ébréchait la prérogative souveraine (De Montmollin, *Mémoire*, I, 99), Quand une femme fait aucune pache, marché et contrats en derrière son mari […] (1785, Matile, *Déclarations ou Points de coutume rendus par le Petit-Conseil de la ville de Neuchâtel*, 1836, 198)[3].

Selon l'auteur du *Nouveau Glossaire genevois* le mot *pache* signifie : « Accord, transaction, marché. *Bonne pache; mauvaise pache. La pache est faite.* Terme Suisse-romand, savoisien, méridional et vieux français,

---

1. C. Natsch, *Poulain de la Barre's Bemerkungen zum genfer-Französisch, op. cit.*, p. 106.

2. F. Poulain de la Barre, *Essai des remarques, op. cit.*, p. 5.

3. C. F. de Vaugelas, *Remarques sur la langue française*, Z. Marzys éd., Genève, Droz, 2009, p. 608.

pache était masculin. Racine *pactum*»[1]. Dans le *Supplément* au dictionnaire de Pierrehumbert nous trouvons l'information suivante :

> Le *Journ. helv.* juill. 1779, 59, donne de *pache* une définition intéressante :
> «Ce mot, qui devrait être français, exprime dans notre langage vulgaire une
> convention sans qu'il y ait rien d'écrit.» Tel est encore, en général, le sens
> actuel ; dans les siècles antérieurs, la «pache» est plutôt une convention
> écrite[2].

> **Retard** pour *Retardement, délai.* (Sa maladie a été cause de son
> retardement. Aporter du retardement. Faites cela sans delai & sans
> remise)[3].

Le mot vient du verbe retarder (lat. *retardere*) qui signifie tarder à,
hésiter, entre le XVe et le XVIIe siècle, l'on utilise le mot retardement, ce que
confirment les dictionnaires de Monet, Cotgrave, Oudin, Pomey, Richelet
ou Furetière :

> Delay, action qui se fait avec negligence, le plus tard qu'on peut. Il a
> apporté toutes les chicanes, tous les *retardements* possibles au jugement de
> ce procé, à ce payement. Les necessités corporelles ne souffrent point de
> *retardement*[4].

Nous le trouvons aussi dans la correspondance de François de Sales :
«Je me promis bien de vostre dilection que vous interpreteries le *retardement* en bonne part.» (*Lettres* IV, p. 66) ou encore «Les moindres *retar-
dements* irritaient son naturel ardent» (Fénelon, *Les Aventures de
Télémaque*, 1695), «Que n'avez-vous donc fini promptement cette affaire
dès le lundi ? Savez-vous bien qu'un si grand *retardement* donne le temps à
tout le royaume de parler?» (Mme de Sévigné, *Lettres*, 31 décembre
1670)[5]. Dans l'édition du *Dictionnaire de l'Académie française* de 1762,
nous ne trouvons que le mot *retard*. Finalement retard a remplacé
retardement.

---

1. J.Humbert, *Nouveau Glossaire genevois* [1851], Genève, Slatkine, 2004, entrée
«pache».
2. W. Pierrehumbert, *Dictionnaire historique du parler neuchâtelois et suisse romand,
op. cit.*, entrée «pache».
3. F. Poulain de la Barre, *Essai des remarques, op. cit.*, p. 7.
4. A. Furetière, *Dictionnaire universel, op. cit.*, entrée «retard».
5. C. Natsch, *Poulain de la Barre's Bemerkungen zum genfer-Französisch, op. cit.*, p. 71.

Grand pour *grandement, fort, beaucoup*. Il est fort riche, & non pas, Il est grand riche [1].

D'après le *Grand Robert* c'est un adverbe régional de Suisse romande pour dire *très*, surtout dans l'expression : grand beau, « *Il fait grand beau, aujourd'hui* ». Nous trouvons aussi l'explication du *Dictionnaire de l'Académie française* :

« Grand, signifie quelquefois, Qui est en grande quantité. Il n'a pas grand argent. il y a grand monde à ce spectacle là » et « Grandement. adv. beaucoup, extremement. Il se trompe grandement, il s'imagine que [...] [2].

Clara Natsch donne deux exemples où *grand* prend le sens de très ou beaucoup : « To assarna, to *gran* acariatrou "tous (on est) acharné, tous (on est) grand acariâtre" » (*Chanson de Rocati*, p. 12) ou « Jean Clebergues Allemand, qui demeure à Lyon et qui est *grand riche* [...] » (Grenus, *Fragmens historiques sur Genève*, 1527, p. 142)[3]. Cependant, dans les dialectes, l'adjectif *gros* fonctionne comme synonyme du *grand*. Natsch suppose que, sous forme de *gro* comme *grô sérieu* pour « très sérieux », *gro bi* pour « très beau » ou *gros mé* pour « beaucoup plus », ce *gros* adverbial a pris le sens du *grand* du XVIe et XVIIe siècle[4].

Poulain préféministe fut en définitive surtout un bon observateur de la vie. Le premier opuscule linguistique de 1672 est probablement le résultat de ses observations en tant qu'enseignant soucieux d'aider ses élèves. Il s'agit donc d'une œuvre pédagogique. Dans le deuxième, *Essai des remarques* de 1691, il semble avoir le même but pédagogique – cette fois-ci corriger le langage des Genevois. Poulain s'inspire surtout de l'œuvre de Vaugelas mais pour répertorier les locutions vicieuses les plus fréquentes, pour viser les particularités du français genevois et non pas pour analyser l'usage. Poulain n'est pas sensible à la variation comme ses successeurs – les glossairistes suisses dont le but est de présenter la spécificité du langage étudié et aussi d'ajouter des informations étymologiques, esthétiques ou morales. Le philosophe français se limite aux informations relatives à l'usage officiel du français que l'on parlait à Paris, donc au bon usage de la langue commune. Il faut cependant souligner que ce dernier opuscule

---

1. F. Poulain de la Barre, *Essai des remarques, op. cit.*, p. 16.

2. *Dictionnaire de l'Académie française*, Paris, chez la Veuve de J. B. Coignard, 1694, entrée « grand ».

3. C. Natsch, *Poulain de la Barre's Bemerkungen zum genfer-Französisch, op. cit.*, entrée « grand ».

4. *Ibid.*, p. 78-79.

linguistique de Poulain de la Barre est un ouvrage accidentel, il ne l'aurait probablement jamais écrit si les évolutions de sa vie ne l'avaient amené à se réfugier à Genève.

Monika MALINOWSKA

BIBLIOGRAPHIE

Sources manuscrites

Genève, Bibliothèque Publique et Universitaire (Collection J.-A. Turrettini), Ms fr 493 (115 lettres recueillies sous le titre de la *Correspondance Van – Zwi et anonymes*, papiers J.-A. Turrettini 13, Lettres de divers Van-Zwi).

Sources imprimées

COTEGRAVE R., *A Dictionnarie of the French and English tongues*, Londres, s.e., 1611, réimpr. U. of South Carolina Press, Columbia, 1950.

Dictionnaire de l'Académie Française, Paris, chez la Veuve de J. B. Coignard, 1694.

FURTIÈRE A., *Dictionnaire universel contenant generalement tous les mots françois, tant vieux que modernes, & les termes de toutes les sciences et des arts*, La Haye, A. et R. Leers, 1690.

GOUJET C.-P., *Bibliothèque françoise ou histoire de la littérature françoise* (vol. I-VI), vol. I : *Des traités sur la manière de traduire*, Paris, chez Pierre-Jean Mariette, 1740, réimpr. Genève, Slatkine Reprints, 1966.

MÉNAGE G., *Observations sur la langue françoise*, seconde partie, Paris, chez Claude Barbin, 1676.

MOLIÈRE, *Le Tartuffe ou l'Imposteur*, Paris, Pocket Classiques, 1998.

MONET Ph., *Invantaire des deus langues, françoise et latine*, Lyon, chez la Veuve de Claude Rigaud et Philippe Borde, 1636, réimpr. Genève, Slatkine Reprints, 1973.

MORÉRI L., *Le grand Dictionaire historique, ou le mélange curieux de l'histoire sacrée et profane*, Lyon, J. Gyrin et B. Rivière, 1683.

NICOT J., *Thresor de la langue françoyse tant ancienne que moderne*, Paris, David Douceur, 1606, réimpr. Paris, Picard, 1960.

OUDIN A., *Grammaire françoise rapportée au langage du temps*, Paris, Pierre Billaine, 1632, réimpr. Genève, Slatkine Reprints, 1972.

– *Le Trésor des deux langues espagnole et françoise, ou dictionnaire espagnol-françois et françois-espagnol*, Paris, Étienne Maucroy, 1645.

POULAIN DE LA BARRE F., *Les rapports de la langue latine à la françoise pour traduire élégamment et sans peine. Avec un recueil etymologique & methodique de cinq mille mots françois tirez immediatement du latin*, Paris, Ve G. Thiboust, 1672.

– *Essai des remarques particulières sur la langue françoise pour la ville de Genève*, Genève, s.e., 1691.

RICHELET P., *Dictionnaire français*, Genève, Jean Herman Widerhold, 1680, réimpr. Genève, Slatkine Reprints, 1970.

VAUGELAS C. F. de, *Remarques sur la langue française*, Marzys Z. (éd.), Genève, Droz, 2009.

Littérature secondaire

COLOMBAT B., *La grammaire latine en France à la Renaissance et à l'Âge classique. Théorie et pédagogie*, Grenoble, Ellug, 1999.

Dictionnaire suisse romand : particularités lexicales du français contemporain, Knecht P. (dir.), Carouge-Genève, Édition Zoé, 2004.

Glossaire des patois de la Suisse romande, Gauchat L., Jeanjaquet J., Tappolet E. (dir.), Neuchâtel et Paris, Édition Victor Attinger, vol. 6, 1924-1933.

GODEFROY F., *Dictionnaire de l'ancienne langue française*, Paris, F. Vieweg, puis E. Bouillon, 1880-1901, réimpr. Genève, Slatkine, 2015.

HUMBERT J., *Nouveau Glossaire genevois* [1851], Genève, Slatkine, 2004.

KNECHT P., « Le plus ancien commentaire du discours provincial en Suisse romande : François Poulain de la Barre », *in* Ph. Caron (éd.), *Les Remarqueurs sur la langue française du XVIᵉ siècle à nos jours*, Rennes, PUR, 2004, p. 119-136.

La Suisse aux quatre langues, Schläpfer R. (dir.), Genève, Édition Zoé, 1985.

Le français hors de France, Valdman A. (dir.), Paris, Honoré Champion, 1979.

Le Grand Robert de la langue française, Rey A. (éd.), version numérique 2012.

LITTRÉ É., *Dictionnaire de la langue française*, Versailles, Encyclopaedia Britannica France, 1997.

MALINOWSKA M., *François Poulain de la Barre (1647-1723) wobec zagadnień swojej epoki*, Warszawa, Elipsa, 2013.

MARZYS Z., *La variation et la norme : essais de dialectologie galloromane et d'histoire de la langue française*, Genève, Droz, 1998.

NATSCH C., *Poulain de la Barre's Bemerkungen zum genfer-Französisch*, Chur, Buchdruckerei Bünder Tagblatt, 1927.

PIERREHUMBERT W., *Dictionnaire historique du parler neuchâtelois et suisse romand*, Neuchâtel et Paris, Victor Attinger, 1926.

REY A., DUVAL F., SIOUFFI G., *Mille ans de langue française. Histoire d'une passion*, Paris, Perrin, 2007.

RÉZEAU P., *Dictionnaire des régionalismes de France, géographie et histoire d'un patrimoine linguistique*, Bruxelles, De Boeck-Duculot, 2001.

RITTER E., « Recherches sur le patois de Genève », *Mémoires et documents publiés par la Société d'histoire et d'archéologie de Genève*, Genève, vol. XIX, 1877, p. 41-59.

FEMALE RIGHTS VINDICATED (1758), NOUVELLE TRADUCTION DE L'ÉGALITÉ DES DEUX SEXES (1673) DE POULAIN DE LA BARRE

La brochure anonyme *Female Rights Vindicated ; or, The Equality of the Sexes Morally and Physically Proved*, publiée en 1758, attira notre attention car son sous-titre fait écho à celui de la traduction, en 1677, du premier traité de Poulain de la Barre, *The Woman as Good as the Man* ; or, *The Equallity of Both Sexes*, datant de 1673. Dans un article de 1982, au détour d'une phrase relative aux arguments des aristotéliciens qui démontrent l'infériorité des femmes – lesquelles seraient des hommes inachevés –, l'historienne Joan Kelly renvoie en une ligne à cette brochure : « they are deficient in that ornament of the chin, a beard – what else [could he mean] ? »[1]. Quelques pages plus loin, une citation de cinq lignes renvoie à l'écriture masculine de l'Histoire, qui porte préjudice aux femmes ; la citation est fidèle, mais les majuscules ont disparu[2]. Cette brochure sert donc simplement d'illustration féministe à la démonstration de Joan Kelly.

En 2004, Siep Stuurman mentionne ladite brochure en énumérant les textes anglais influencés par Poulain, outre ceux signés de l'anonyme [Sophia] et de son contradicteur en 1739-1740 :

> Another treatise, *Female Rights Vindicated ; or, The Equality of the Sexes Morally and Physically Proved*, published in London in 1751 and again in

---

1. J. Kelly, « Early Feminist Theory and the Querelle des femmes 1400-1789 », *Signs*, 8.1, 1982, p. 20 ; [Anon.], *Female Right. Vindicated ; or, The Equality of the Sexes Morally and Physically Proved. By a Lady*, London, Printed for G. Burnet, 1758, p. 114-20 [désormais cité comme *Rights*].

2. Kelly, « Early Feminist Theory… », art. cit., p. 25 cite *Female Rights Vindicated*, *op. cit.*, p. 48.

1758, closely followed Poulain's arguments (even part of the title is taken from Poulain).

Siep Stuurman renvoie, en note, sans commentaire, à un article d'Estelle Cohen, daté de 1997[1], qui consacre quelques lignes à cette « adaptation » du traité de Poulain, très proche des idées les plus radicales du philosophe français, précise son auteur, assertion à nuancer, on le verra.

Hormis ces références, je n'ai trouvé aucune étude ou autre mention de *Female Rights Vindicated*. Un examen attentif révèle qu'il s'agit d'une traduction allégée du traité de 1673, point que personne n'a, semble-t-il, remarqué ni, de ce fait, étudié. Si métaphrase et imitation se combinent dans les deux brochures signées de [Sophia] – à savoir *Woman Not Inferior to Man; or, A Short and Modest Vindication of the Natural Rights of the FAIR-SEX to a Perfect Equality of Power, Dignity, and Esteem, with the Men* (1739) et *Woman's Superior Excellence over Man* (1740) –, c'est bien la paraphrase (« Translation with Latitude »)[2] qui est utilisée dans cette brochure traduisant avec fidélité dans certains cas mais coupant aussi de nombreux passages du texte-source. L'auteur anonyme, « a Lady », sur la page de titre, en revendique « la nouveauté et […] l'audace » [« the Novelty and Daringness of this Performance » (Preface, *Rights*), sans la moindre référence à une quelconque lecture, sans la moindre reconnaissance de dette : l'usurpation d'idées est flagrante, la tromperie du lecteur aussi. L'existence de cette brochure signifie que le texte français de Poulain était encore suffisamment connu en 1758 pour faire l'objet d'une traduction même pirate, mais pas assez, néanmoins, pour que l'imposture fût aisément décelable.

---

1. Voir S. Stuurman, « Conclusion: Inventing Enlightenment », *François Poulain de la Barre and the Invention of Modern Equality*, Harvard, Harvard UP, 2004, p. 282 ; voir p. 349 (n. 49) : E. Cohen, « "What the Women at All Times Would Laugh At" : Redefining Equality and Difference, circa 1660-1761 », *Osiris*, 12, 1997, p. 137 : « the last of the adaptations of *De l'égalité* in English of which I am aware appeared in London in 1751 and 1758 under the title *Female Rights Vindicated; or, The Equality of the Sexes Morally and Physically Proved*. This version even included Poullain's conclusion that since women lack only a beard, we might « with as much reason […] say […] that Men are but imperfect Women ». In fact, this anonymous treatise comes closest to rendering accurately Poullain's most radical pronouncements about women's equality with men and its foundation in « the most radical anatomy ».

2. J. Dryden, « The Preface », *Ovid's Epistles*, London, s.e., 1680, A8r.

La brochure *Female Rights Vindicated*, qui comprend 130 pages d'une typographie assez large[1], se désigne comme «this Work» («Dedication», 1ʳ) puis comme «this Performance» (1). Elle est dédiée aux nobles dames de Grande-Bretagne et d'Irlande : «To the Noble, Virtuous, Courageous, Magnanimous, Learned Ladies of Great-Britain and Ireland» («Dedication», 1ʳ). Voulant se placer à l'extérieur de cette «Dédicace» (distanciation nécessaire à sa prétendue impartialité), l'auteur y recourt à l'adjectif possessif «your» au début («your Virtues», 1ᵛ) – et non à l'inclusif «our» –, puis dans «your Interest» (2ʳ), dans «your Cause» (2ᵛ) et, vers la fin, dans «your usurped Rights and Possessions» (3ʳ). En revanche, sept lignes après «your Cause» (2ᵛ), est mentionné l'«ennemi» («the Enemy») qui qualifie sans ambiguïté la gent masculine; dès lors, le sexe de l'auteur ne fait plus guère de doute. L'auteur se présente comme «a Lady» qui signe la dédicace par «The Authoress» (3ᵛ) après s'être auto-qualifiée de «Champion of your Cause» (2ᵛ) apparemment asexué jusqu'à ce dévoilement ultime.

Une réédition en fut publiée en 1780 sous le titre *Female Restoration, by a Moral and Physical Vindication of Female Talents; in Opposition to All Dogmatical Assertions Relative to Disparity in the Sexes. Dedicated to Her Majesty; and Humbly Addressed to the Ladies of Great Britain and Ireland. By a Lady*[2]. Une dédicace d'une page à la reine y est ajoutée. La dédicace «To the Noble, Virtuous, Courageous, Magnanimous, Learned Ladies of Great-Britain and Ireland» de 1758 devient plus sobre dans la réédition par l'omission des cinq épithètes. Un autre affadissement se remarque dans le rappel du titre, avant le corps du développement, sous la forme réduite *Female Talents Vindicated*, calque structurel de *Female Rights Vindicated* avec un glissement de «Rights» à «Talents», qui prive la brochure de sa dimension novatrice, peut-être afin de s'attirer un lectorat plus large, non rebuté par le substantif «Rights». Dans le cas d'une traduction, c'est moins sa structure qui retient l'attention que sa fidélité et, surtout, ses variations par rapport au texte de départ, ses omissions et ses additions, leur contenu, leur lieu, voire leur récurrence dont on peut tirer des conclusions.

---

1. On note un problème de pagination : sur ce qui devrait être la page 49 figure le chiffre 37, puis apparaît 38 au lieu de 50, etc., ce qui augmente le nombre de pages de la brochure, donc 132 au lieu de 120, nombre imprimé sur la dernière page.

2. La typographie différente explique un nombre de pages autre (ici XII + 68 p. au lieu de 120 p.)

Au niveau externe, l'Avertissement postposé dans le traité de Poulain disparaît. Le philosophe souhaitait, en effet, qu'il fût lu en dernier et non en premier, en vue d'infléchir l'interprétation du traité. Le premier paragraphe se termine par « on ne reconnaît point ici d'autre Authorité, que celle de la raison et du bon Sens »[1], expression dont on relève un bref écho dans la déclaration programmatique au début de la Préface de la traductrice : « A serious Address to Reason and good Sense […] to prove our natural Equality with the Men […] » (*Rights* 2-3).

De plus, Poulain y précise son attitude envers l'interprétation de l'Écriture sainte :

> Pour ce qui regarde l'Écriture, elle n'est en aucune façon contraire, au dessein de cet Ouvrage […]. Et l'Écriture ne dit pas un mot d'Inégalité ; et comme elle n'est que pour servir de règle aux hommes dans leur conduite, selon les idées qu'elle donne de la Justice, elle laisse à chacun la liberté de juger comme il peut de l'état naturel et véritable des choses (*Égalité* 145),

position développée dans son ouvrage de 1720. La traductrice, qui en utilise l'argument biblique dans sa Préface, l'a lu :

Pour ce qui regarde l'Écriture, elle n'est en aucune façon contraire, au dessein de cet Ouvrage […]. Et l'Ecriture ne dit pas un mot d'Inégalité […] (*Égalité* 145).	With respect to Holy Writ, there is not a Passage in this Work that any wise clashes with it. The Scripture does not mention a Word of Inequality between the Sexes (*Rights* 16).

Toujours au niveau externe, outre l'« Avertissement », disparaît aussi la division formelle et visuelle en deux parties annonçant chacune des deux parties chez Poulain[2]. Le passage de la Première à la Seconde Partie (*Égalité* 89) est remplacé, dans *Rights*, par une charnière constituée d'un paragraphe en forme de bilan suivi d'une annonce.

---

1. F. Poulain de la Barre, *De l'égalité des deux sexes* [1673], éd. M.-F. Pellegrin, Paris, Vrin, 2011, p. 145. Désormais cité *Égalité*.

2. « Première Partie où l'on montre que l'opinion vulgaire est un préjugé, et qu'en comparant sans intérêt ce que l'on peut remarquer dans la conduite des hommes et des femmes, on est obligé de reconnaître entre les deux Sexes une égalité entière » (*Égalité* 59). Rien ne l'annonce dans *Rights*, p. 25. « Seconde Partie où l'on fait voir pourquoi les témoignages qu'on peut apporter contre le sentiment de l'égalité des deux Sexes, tiré des Poëtes, des Orateurs, des Historiens, des Jurisconsultes, et des Philosophes, sont tous vains et inutiles » (*Égalité* 47). Rien ne l'annonce dans *Rights*, p. 42.

Ainsi, l'avant-dernier paragraphe de la Partie 1 de Poulain fournit matière au début du dernier paragraphe de la traduction dans le lieu équivalent. Poulain écrit : « Voilà les observations générales et ordinaires sur ce qui concerne les femmes, par rapport aux qualités de l'esprit, dont l'usage est la seule chose, qui doive mettre de la distinction entre les hommes » (*Égalité* 87). Ce qui devient très simplifié avec un déplacement doublé d'une réduction : « These are my Sentiments and Observations upon the intellectual Capacities of the Two Sexes » (*Rights* 42). Puis la traduction ajoute, en guise de transition : « but to avoid being dogmatical (which is the great Vice of my Opponents) I shall now consider and I hope refute, the most material Arguments that have been urged to prove a Disparity between us » (*Rights* 42). Ensuite est omis tout le dernier paragraphe de la Première Partie de Poulain, composé de remarques générales sur le binôme apparence-essence, sur la cause des femmes, sur les préjugés (*Égalité* 43).

En troisième lieu, au confluent de la forme et du fond, disparaissent aussi, dans l'équivalent anglais de la Première Partie, les titres internes français qui sont de courts paragraphes en italiques servant de très utiles introductions-résumés. On note un phénomène cantonné à la seconde partie où, dans cinq cas, la traductrice s'approprie ces titres internes et les présente telles des propositions personnelles originales. Ces propositions affirment, chez Poulain, que les femmes sont « capables » « de toutes sortes de connaissances » (*Égalité* 99), d'« emplois de la société » (116), de perfection, de noblesse et d'honnêteté. Dans le premier cas où l'intertitre de Poulain est le suivant : « *Que les femmes considerées selon les principes de la saine Philosophie, sont autant capables que les hommes de toutes sortes de connoissances* » (*Égalité* 99), la traductrice écrit : « *My first Proposition is, that Women, consider'd according to the Principles of sound Philosophy, are as capable as the Men of all Kinds of Knowledge, as good Sense is of no Gender* » (*Rights* 59), en incluant le titre marginal du paragraphe suivant de Poulain (« L'esprit n'a point de Sexe » [*Égalité* 99]) qui figure dans la marge du texte français.

Dans le deuxième cas, la scriptrice s'arroge une idée poulinienne, avec l'adjectif possessif : « My next Proposition is that *Women are no less capable than Men of filling the Employment in Society* » (*Rights* 74). En fait, elle traduit et s'approprie le titre d'une sous-partie de Poulain : « *Que les femmes ne sont pas moins capables que les hommes des Emplois de la société* » (*Égalité* 116), l'enseignement et le ministère de l'Église, par exemple.

Dans le troisième cas, elle fait sienne la phrase de Poulain : « *Que les femmes ont une disposition avantageuse pour les sciences, et que les idées justes de perfection, de Noblesse et d'honnêteté leur conviennent comme aux hommes* » (*Égalité* 122) sous forme de proposition programmatique : « My next Proposition is, *That Women have naturally an advantageous Disposition for acquiring the Sciences, and that they are equally intitled with the Men to the Ideas of Perfection, Nobleness, and Decency* » (*Rights* 78-79).

Dans les deux cas suivants, on note une légère variation dans cette appropriation des intertitres en italiques. D'une part, la traductrice rédige une phrase introductive puis use de guillemets, non accompagnés d'une source, pour citer les italiques de Poulain avant d'ajouter un point d'interrogation :

D'où vient la distinction des Sexes : jusques où elle s'étend ; et qu'elle ne met point de différence entre les hommes et les femmes, par rapport au vice et à la vertu ; et que le Tempérament en général n'est ni bon ni mauvais en soi (*Égalité* 126).	The preceding Proposition naturally points out to us to enquire "from whence arises the Distinction of the Sexes, and how far it extends; what Difference there is between them, with respect to Vice and Virtue; and whether their general Temperament is good or bad ?" (*Rights* 88).

L'intertitre en italiques n'est donc plus seul, mis ainsi en relief, mais inclus dans une proposition personnelle. D'autre part, la traductrice garde les italiques (sorte de compromis entre les deux pratiques précédentes) et ajoute un substantif – « qui regarde les mœurs » devient « in the Manners and Dispositions of the Men » – à ce niveau, donc, elle ajoute l'inné. De plus, elle insère une phrase d'annonce après cette reprise – « this I shall endeavour to illustrate, as the last Position essential to be proved »– ;

Que la différence qui se remarque entre les hommes et les femmes pour ce qui regarde les mœurs vient de l'Education qu'on leur donne (*Égalité* 132).	It necessarily follows from what had been said, that *all the Difference in the Manners and Dispositions of the Men and Women, arises from no other Cause but the Difference in their Education*; and this I

> shall endeavour to illustrate, as
> the last Position essential to be
> proved (*Rights* 96-97).

L'intervention de la traductrice sur le contenu est ici mineure. Au niveau externe encore, les multiples omissions de cette traduction consistent à supprimer nombre de paragraphes d'origine, à fusionner certains autres (deux paragraphes sont souvent mis bout à bout), gardés soit intacts soit avec ellipses internes[1] – en revanche, des marques de paragraphes sont insérées, sans raison très évidente, là où il n'y en avait pas. Les omissions consistent aussi à éliminer des phrases ou à simplifier la syntaxe : ainsi, par une reformulation plus compacte, par une économie, « les éloignant du carnage et de la guerrre » (*Égalité* 67) devient « estranging them to all the Butchery of War » (*Rights* 39). De même, par simplification syntaxique, la traduction anglaise juxtapose deux propositions indépendantes pour remplacer une proposition principale et une relative :

Je m'imagine qu'on vivait alors comme des enfants, et que tout l'avantage était comme celui du jeu : les hommes et les femmes qui étaient alors simples et innocents, s'employaient également à la culture de la terre ou à la chasse comme font encore les sauvages. L'homme allait de son côté et la femme allait du sien ; celui qui apportait davantage était aussi le plus estimé (*Égalité* 64-65).	They lived like Children, and their Advantages related to their Pastime. The Men and Women were equally in a State of Innocence ; their Employment was the Cultivation of the Earth, and their recreation Hunting ; he or she that was the most successful was the most esteemed (*Rights* 35-36).

---

1. L'édition de *Rights* contient un problème de pagination : ce qui devrait être la page 49 est une nouvelle page 37 ; la pagination se poursuit avec page 38, etc. Pour les coupures, voir *Rights* 37 [49], *Égalité* 33-34 ; *Rights* 50, *Égalité* 53 ; *Rights* 70, *Égalité* 70-71 ; *Rights* 75, *Égalité* 80-81 ; *Rights* 88, *Égalité* 89 ; *Rights* 95, *Égalité* 94-95 ; *Rights* 97, *Égalité* 96. En revanche, des marques de paragraphes sont insérées là où il n'en existait pas chez Poulain (*Rights* 33, *Égalité* 20 ; *Rights* 94, *Égalité* 94 ; *Rights* 109, *Égalité* 104).

Il en résulte un raisonnement moins élaboré, moins nuancé. En revanche, juste après, on note la complexification de deux propositions indépendantes qui sont fusionnées en anglais avec antéposition de « au commencement » dans « In the beginning » :

> La conséquence n'était pas grande pour les femmes au commencement du monde. Les choses étaient dans un état très différent d'aujourd'hui [...] (*Égalité* 64).

> In the Beginning, the Conclusion was no Way detrimental to us as things were then upon so different a Footing to what they are at present (*Rights* 35).

Pour augmenter la vivacité du style, la traduction recourt aux mêmes procédés que [Sophia] en 1739, transformant des phrases positives en interro-négatives (pour obtenir une adhésion) ou en interrogatives – trois dans le cas suivant :

> Pour moi je ne serais pas plus surpris de voir une femme le casque en tête, que de lui voir une Couronne ; présider dans un Conseil de guerre, comme dans celui d'un État : exercer elle-même ses soldats, ranger une armée en bataille, la partager en plusieurs corps, comme elle se divertirait à le voir faire (*Égalité* 119).

> And what more surprizing would there be to see a Woman with a Casque upon her Head than a Crown? Preside in a Council of War, than in a Council of State? Would there be aught astonishing to see her exercise her Soldiers; range an Army in form of Battle, or distribute them in different Corps? (*Rights* 75).

Par ailleurs, deux domaines essentiels sont passés sous silence : le corps et la religion. La sphère corporelle donne lieu à des omissions récurrentes. Est édulcoré le passage relatif à la digestion et aux déjections naturelles, processus que Poulain ne dissocie pas de la nature humaine ; leur évocation, qui n'a rien d'indécent – « que le superflu sorte du corps » (*Égalité* 124) –, devient allusive : « its Consequence » (*Rights* 84-85)[1].

---

1. Dans « being form'd in such a Manner as to require Aliment for his Support, this Necessity cannot be looked upon as an Imperfection, any more than its Consequence ».

Plus loin, est éludée la fin anodine d'un paragraphe traitant de la maternité, « la fin pour laquelle il a été formé ; qui commence et cesse avec la fécondité, et qui est destiné au plus excellent usage du monde ; c'est-à-dire, à nous former et à nous nourrir dans leur sein » (*Égalité* 126, *Rights* 88) ; puis disparaît à son tour le rôle de l'homme dans la procréation, au demeurant assez peu élogieux pour les hommes (« et si l'on savait comment le nôtre y contribue, l'on trouverait bien du mécompte pour nous » [*Égalité* 127, *Rights* 88]). Suit une réticence pudique à nommer les organes génitaux : « organes » (*Égalité* 128) devient « their internal Formation » (*Rights* 90). Outre la sexualité, les omissions concernent la matérialité de la mort (*Rights* 114, *Égalité* 141 : « ces illustres morts, dont on révère tant aujourd'hui les cendres et la pourriture même »). Est-ce jugé trop concret et, par là-même, choquant ?

La dimension religieuse, quant à elle, est évacuée par simple omission, à huit reprises, des paragraphes qui la mentionnent. Soit les passages jugés trop abstraits sont exclus (origine de la religion, différence des sexes dans le dessein de Dieu, superstition) ; soit une expression est banalisée – « Jésus-Christ » (*Égalité* 111) devient « the greatest Authority » (*Rights* 73) – ou déformée, « Théologie Chrétienne » (*Égalité* 94) se transformant en « metaphysical reflexion » (*Rights* 49-50). Bien que la traductrice minimise l'aspect religieux, elle prend au moins une fois l'initiative de mettre en italiques, donc en relief, la règle d'or des Écritures sans la nommer : « the Axiom of *Do unto others as you would they should do unto you* » (*Rights* 66) pour traduire « qu'il faut traiter les autres, comme on veut être traité » chez Poulain (*Égalité* 106).

D'autres omissions sont plus graves, qui touchent à la démarche fondamentale de Poulain et révèlent la véritable nature opportuniste de cette traduction. À deux reprises, elle passe sous silence l'hypothèse historique émise par le philosophe sur le développement des sociétés, afin de comprendre comment les femmes en sont venues à être reléguées à des positions subalternes. Or, ce stade de l'hypothèse est fondamental et fondateur du raisonnement poulinien. Il ne s'agit plus ici d'omissions anodines, mais d'un réel appauvrissement, d'une distorsion théorique de la thèse du disciple cartésien en quête des origines. En effet, Poulain émet une hypothèse historique sur l'origine de la mode : la traductrice omet le paragraphe sur « comment les modes s'introduisent […] » qui annonce le paragraphe suivant intitulé en marge « Comment les femmes se sont jetées dans la bagatelle » (*Égalité* 70) (à savoir, la mode) :

S'apercevant que les ornements étrangers les faisaient regarder des hommes aves plus de douceur, et qu'ainsi leur condition en était plus supportable, elles ne négligèrent rien de ce qu'elles crûrent pouvoir servir à se rendre plus aimables [...] voyant que les hommes leur avaient ôté le moyen de se signaler par l'esprit [...] leurs ajustements et leur beauté les ont fait considérer plus que n'auraient fait tous les livres et toute la science du monde (*Égalité* 70).

De plus, la traductrice omet le début du paragraphe de Poulain sur le tempérament des femmes où il pose une hypothèse historique («dans un état indifférent, où il n'y ait encore ni vertu ni vice en nature» [*Égalité* 131]).

Il est clair que la traductrice exploite le texte de base par pure commodité et fait fi d'un cheminement dont elle se soucie peu. Un réflexe stratégique, compensatoire de ses options réductrices, l'amène alors, en vue de conférer une apparente validité à son propos, à saupoudrer son texte de quelques termes-clés, tels «Proof», «to prove» ou «to enquire». Certaines omissions thématiques sont logiques dans une traduction de type «imitation»: qu'il s'agisse du nom d'institutions charitables françaises (filles de la charité, de l'Hôtel-Dieu [*Rights* 38 et *Égalité* 84]), d'une référence à la littérature française (le sonnet de Sarazin [1656] sur la tentation d'Ève par le diable [*Rights* 45 et *Égalité* 90]) ou à des Français (Tabarin et Verboquet [*Rights* 117-18 et *Égalité* 143]).

En parallèle, des éléments sont insérés afin de rendre le texte plus familier aux lecteurs anglais. D'une part, une référence historique (*Rights* 26), (addition d'un trait qui concerne la France: «the Numbers of our brave Countrymen that have lately fallen by the Indians in the French Interest, too clearly demonstrate»); d'autre part, la mention de Cibber et de Pritchard «as public Orators» et de «Mrs. Carte» (*Rights* 37) où Mrs Carter est reconnaissable en dépit de l'erreur typographique. Or, ce hasard rehausse la saveur du texte «traduit» et trahit son origine française puisque Descartes était nommé «Mr Carte» dans le journal de Locke.

De même, au titre des divertissements dans l'éducation des filles[1], les «petits Livres de dévotion» (*Égalité* 133) font place aux «Novels and Romances» (*Rights* 99) et, si les «Beaux» (*Rights* 99) sont nommés, les «précieuses» (*Égalité* 133), dont le rôle fut si important dans la réception positive des traités de Poulain en France, disparaissent et se trouvent

---

1. «[L]e Point ou la Tapisserie» (*Égalité* 98) fait place à «the Time to acquire, than to learn *Dresden* Work, or many of the most common Vocations the Women are employd in» (*Rights* 56).

remplacées par une mention réductrice : « Where she who has the newest fashion'd Cap is allowed Chief of the Sect : In this consists their Philosophy, their Logic, and their Eloquence » (*Rights* 100).

À la croisée de la démarche et du thème, un certain degré d'abstraction semble banni, en accord avec le propos liminaire sur la nature de l'ouvrage : « [it is] not replenish'd with dry Reflexions and tedious Researches » (*Rights* 21). Des réflexions historiques (une page sur l'organisation d'un État et sur l'origine de la religion [*Rights* 39 et *Égalité* 67-68]), philosophiques (sur la distinction entre les sexes [*Rights* 52 et *Égalité* 96-97], sur les femmes et la métaphysique[1] (*Égalité* 101) ou classiques (Tite Live et Quinte-Curse [108]) sont exclues au détriment de la richesse du texte. Par simplification, quelques passages sur la religion ou sur la morale sont paraphrasés, des expressions, sous-traduites (*Rights* 54, *Égalité* 97 : « des connaissances certaines et véritables » par « real Lights » [54]). Pourtant, il arrive que la scriptrice témoigne d'un certain degré de culture en traduisant « une imagination Poétique » (*Égalité* 90) par « a poetic Flight upon Pegasus » (*Rights* 45).

La traductrice manifeste un parti pris appuyé à l'égard de ses consœurs, attitude gênante dans une brochure qui veut dénoncer les hommes comme « Juges et parties » (*Égalité* 93)[2]. Ce trait s'exprime de diverses manières. Changer un adjectif vaut commentaire quand « Une préférence si notable » (*Égalité* 67) devient « This unjust Preference » (*Rights* 39).

Une surtraduction tendancieuse peut s'exprimer par l'adjonction d'un adjectif, lorsque « au préjudice des femmes » (*Égalité* 110) se transforme en « to our great Prejudice » (*Rights* 70) – pour intensifier l'attaque contre les hommes –, ou bien par l'apport d'un membre de phrase pour compléter, par symétrie, une remarque sur les femmes par une autre contre les hommes (*Rights* 44, *Égalité* 90 : elle traduit correctement « they too frequently attribute the Vices of some particular Women to the whole Sex » puis ajoute : « and the Virtues of some individual to all the Masculine Creation ». Et elle omet la suite poulinienne sur les femmes, qui illustre la généralité précédente : « Ce leur est assez d'en avoir vu quelques-unes hypocrites, pour leur faire dire que tout le sexe est sujet à ce défaut »

---

1. « Les femmes sont capables de la Métaphysique » (*Égalité* 101). « Qui les empêchera donc de s'appliquer à la considération d'elles-mêmes : d'examiner en quoi consiste la nature de l'Esprit, combien il a de sortes de pensées [...] de consulter ensuite les idées naturelles qu'elles ont de Dieu, et de commencer par les choses spirituelles à disposer avec ordre leurs pensées, et à se faire la science qu'on appelle Métaphysique ».

2. Rendu par *Rights* 47 : « they are Judges in their own Cause ».

(*Égalité* 90). Au-delà de l'ajout (*Rights* 48, *Égalité* 94) d'un membre de phrase dépréciatif pour les hommes au début du paragraphe suivant (« When one is apprised of this inequitable Proceeding of the Men »), la substitution d'un développement à un autre sur un sujet connexe procède de la même volonté de surenchère partisane. Ainsi, la traductrice remplace-t-elle huit lignes du paragraphe sur « Pourquoi il ne faut pas accuser les autres de ce qu'ils ne nous aiment pas » (*Égalité* 139) par l'évocation des signes opposés qui marquent, chez les deux sexes, la fin d'une aventure amoureuse. Si les femmes cachent leur dégoût tout en continuant à éprouver de l'estime pour ceux qu'elles ont aimé, les hommes, en revanche, s'affichent avec une autre, sans la moindre estime à l'égard de celle qu'ils n'aiment plus (*Rights* 110-11 et *Égalité* 139).

La traductrice se tient parfois en retrait de Poulain. Tout d'abord, parmi les domaines qui, selon lui, devraient être accessibles aux femmes, elle évacue (*Rights* 69-70) « histoire Ecclesiastique et Theologie », « droit civil » et « droit-Canon » (*Égalité* 108-10). Ensuite, elle pondère, sinon l'idée, du moins la formulation de Poulain qui qualifie de « contingentes et [d'] arbitraires » les expressions « homme [...] efféminé » (*Égalité* 129) et « c'est un homme » (*Égalité* 129) à propos d'une femme courageuse ; elle se borne à « she is compared to a man » (*Rights* 92) et omet le « c'est une femme » poulinien au sujet d'un homme doté de « vertu, [de] douceur et [d'] honnêteté » (*Égalité* 129) ; elle ne se hasarde pas à cette équivalence frappante, par crainte, peut-être, d'incommoder les lecteurs[1]. Pourtant, *a priori* le titre de sa brochure pourrait sembler plus radical avec « rights » et « vindicated ». Les occurrences de « right » dans le texte figurent déjà chez Poulain (*Rights* 67, *Égalité* 106 ; *Rights* 72, *Égalité* 111). Ce titre a peut-être inspiré Mary Wollstonecraft (*A Vindication of the Rights of Woman* [1792]), tout comme celui de Marie le Jars de Gournay, *Égalité des hommes et des femmes* (1622), avait pu influencer Poulain.

La brochure *Female Rights Vindicated* reprend une grande partie de l'original mais en exclut le raisonnement de fond, moins par conviction que par opportunisme. À preuve, le fait de consacrer toute une partie de la préface à une liste de femmes illustres atteste la complète incompréhension de l'entreprise novatrice de Poulain, tout autant que celui d'omettre l'avertissement qui, souligne Madeleine Alcover, « résume et surtout fonde le

---

1. Pour la même raison, peut-être, elle efface deux critiques sévères à l'égard de la cruauté et de l'inconstance masculines (*V* 103-04, PB 99-100 ; *V* 108, PB 104).

point de vue où s'est placé l'auteur pour proférer son propos»[1]. La nouvelle traduction anglaise fait preuve d'une partialité incisive (à travers, notamment, des surtraductions tendancieuses et une surenchère partisane) très éloignée du texte bien plus riche et nuancé de Poulain de la Barre.

Guyonne LEDUC
Université Charles de Gaulle – Lille III

---

1. Madeleine Alcover, « Poulain de la Barre et le monopole du discours vrai », *Ordre et contestation au temps des classiques*, éd. Roger Duchêne et Pierre Ronzeaud, 2 vol., Paris, Papers on French Seventeenth-Century Literature, Biblio 17, 1992, p. 173.

LE GESTE DE POULAIN DE LA BARRE

Par quel geste Poulain de la Barre se signale-t-il? Poulain a traduit la question de la différence des sexes en celle de leur inégalité; corrélativement, il a fait de l'égalité une affaire de ressemblance. En parlant d'égalité, il place le débat sur le plan politique. Il interroge la part active que nous avons à la production de l'inégalité. Autrement dit, il place l'éducation au cœur de la question sexuelle et proclame qu'il y va de notre responsabilité.

Mais parler d'égalité, c'est aussi faire de l'humanité notre premier identifiant, le dénominateur commun des individus. Nous sommes humains avant que d'être femmes ou hommes. Une telle déclaration ne va pas sans susciter des résistances, car elle implique qu'on renonce aux deux visions symétriques d'une supériorité d'un sexe sur l'autre, les femmes sur les hommes, ou les hommes sur les femmes. Mais plus encore, l'égalité selon Poulain congédie le mirage d'une «égalité dans la différence». Poulain joue, selon la belle formule de Marie-Frédérique Pellegrin, «l'égalité contre la galanterie». Il ne proclame pas l'égalité au nom d'une défense des femmes, de leurs charmes ou de leurs talents propres. Il l'énonce au nom d'un plus grand accomplissement collectif des puissances humaines. Ainsi, les femmes peuvent étudier dans l'intérêt de la vérité: «en effet, nous avons tous, hommes et femmes, le même droit sur la vérité, puisque l'esprit est en tous également capable de la connaître, et que nous sommes tous frappés de la même façon, par les objets qui font impression sur le corps.»[1]. Les femmes doivent également étudier dans leur intérêt propre,

---

1. *De l'égalité des deux sexes, op. cit.*, Seconde partie, p. 111.

car le bonheur consiste dans la connaissance ; enfin peut-être les hommes ont-ils également intérêt à ce que les femmes étudient : car l'accès plein et entier des femmes aux domaines du savoir entretiendra avec eux la flamme d'une belle émulation.

Plus généralement, Poulain place la question sexuelle au cœur de la réflexion sociale. En saisissant la question de l'égalité par son entrée sexuelle, il se trouve entraîné à réinvestir «quantité d'autres questions curieuses, principalement dans la Morale, la Jurisprudence, la Théologie et la Politique »[1]. Cela le conduit à réexplorer tous ces domaines, l'engageant à examiner tous les savoirs.

En particulier, sous l'étiquette de «différence des sexes», c'est bien souvent l'infériorité « naturelle » de la femme qui se trouve proclamée par les hommes et acceptée par les femmes. Appliquant la méthode du doute cartésien au préjugé différencialiste, Poulain démonte un à un les arguments classiques qui soutiennent l'inégalité.

En premier lieu, l'inégalité, c'est-à-dire la différence, n'a-t-elle pas été instituée par le Créateur? Après tout, Dieu ne fit pas les humains, mais «homme et femme» Il les créa. Avant d'établir l'égalité des femmes et des hommes en bloc, il faut l'établir en principe, c'est-à-dire procéder à une critique des textes sacrés qui semblent la contredire. De cette lecture critique, on dégagera, sinon des arguments en faveur de l'égalité, du moins un *nihil obstat*. S'agira-t-il alors de retrouver le sens caché de l'Écriture ? Il faut en tout cas réinterpréter le mythe d'Adam et Eve et le dépouiller de la gangue des lectures traditionnelles qui en sont données[2].

Une fois la différence des sexes arrachée à son pseudo-fondement théologique, la question se déplace sur le plan naturaliste. Ici, Poulain doit affronter une théorie anatomo-médicale millénaire : celle qui, depuis Aristote ou Galien, fait de la femme un homme inaccompli. Poulain démonte alors le discours des médecins comme Marin Cureau de la Chambre : leurs dissertations « à perte de vue » sur le tempérament visent à fonder la différence des femmes en bloc aux hommes en bloc, à montrer que « leur sexe doit avoir un tempérament tout à fait différent du nôtre et qui le rend inférieur en tout »[3]. Contre cela, Poulain souligne le fond d'identité que les humains ont en partage. Vider la différence des sexes de tout fondement naturel, c'est montrer qu'il n'y a pas plus de différence de telle

---

1. Préface à *De l'excellence des hommes, op. cit.*, p. 297.
2. Poulain s'y livre dans *De l'excellence des hommes, op. cit.*, p. 300.
3. *De l'égalité des deux sexes, op. cit.*, Seconde partie, p. 127.

femme à tel homme que de tel homme à tel homme ou de telle femme à telle femme.

Établir l'égalité des esprits requiert une théorie logique : un système des opérations mentales, qui explique ce que c'est que penser et par quels truchements cette opération se réalise. Poulain examine donc ce qu'on sait de la tête et du cerveau, « l'unique organe des sciences, et où l'esprit fait toutes ses fonctions » : sur ce point, « l'anatomie la plus exacte ne nous fait remarquer aucune différence dans cette partie, entre les hommes et les femmes » : « les femmes entendent comme nous par les oreilles, elles voient par les yeux, et elles goûtent avec la langue. »[1]. De la similitude des truchements organiques, on peut déduire l'identité des opérations qui sont réalisées par leur moyen et conclure à la profonde communauté des humains : « l'esprit n'a point de sexe »[2]. Cela établit l'égalité des esprits à partir de la similitude des matériaux sensibles, les sensations servant de premiers éléments des pensées et des raisonnements. D'autres que Poulain avaient soutenu l'égalité des esprits selon cette logique aristotélicienne. Ainsi, Marie de Gournay affirmait : « L'animal humain n'est homme ni femme, à le bien prendre, les sexes étant faits non simplement, mais *secundum quid*, comme parle l'École, c'est-à-dire pour la seule propagation. »[3]. Mais pour établir l'humaine condition commune à tous les individus, on peut partir de Descartes aussi bien que d'Aristote. Le dualisme cartésien permet à Poulain d'établir l'égalité par la distinction réelle de l'âme et du corps, en garantissant en quelque sorte la capacité des esprits des aléas de leur incarnation.

L'argument cartésien mène au-delà des philosophes, et renvoie à l'inspiration ancienne de Saint Augustin, selon qui, en Jésus-Christ, les individus sont rénovés, renouvelés, régénérés : «*factus est homo ad imaginem dei ubi sexus nullus est, hoc est in spiritu mentis suae.*» L'humain est fait à l'image de Dieu, en son esprit, là où il n'y a pas de sexe. Là où Saint Augustin proclamait qu'en l'âme, *sexus nullus est*, il n'est point de sexe, Poulain prolonge, cartésiennement, « l'esprit n'a point de sexe », et renouvelle l'ancienne promesse de Saint Matthieu en son Évangile, au verset XXII, 30 : « Ils seront comme des anges ». Finalement, il est fidèle aux propos de Saint Paul dans l'épître aux Galates III, 28 : « Il n'y a ni Juif ni Grec, il n'y a ni esclave ni homme libre, il n'y a ni mâle ni femelle,

---

1. *De l'égalité des deux sexes, op. cit.*, Seconde partie, p. 101.

2. *Ibid.*, p. 99.

3. M. de Gournay, *Égalité des hommes et des femmes* [1622], rééd. Genève, Droz, 1993, p. 49.

car tous vous ne faites qu'un dans Jésus-Christ (*Non est judaeus neque graecus, non est servus neque liber, non est masculus et femina : omnes enim vos unum estis in Christo Jesu*) »[1].

Enfin, la question parvient à son terrain propre : les conséquences sociales et politiques de l'égalité des individus. Par quelles interdictions, par quels préceptes, sous la guise d'une différence de nature, une inégalité réelle et politique se perpétue-t-elle ?

L'inégalité se marque d'abord en prescriptions concernant l'éducation, car celle-ci est au cœur d'un incroyable gâchis des talents de tous les individus humains, quel que soit leur sexe : « Combien y a-t-il de gens dans la poussière, qui se fussent signalés si on les avait un peu poussés ? »[2].

L'éducation agit comme un vaste dispositif de formation des opinions : « En effet on n'oublie rien à leur égard qui serve à les persuader, que cette grande différence qu'elles voient entre leur sexe et le nôtre, c'est un ouvrage de la raison, ou d'institution divine »[3].

Ce n'est pas seulement l'éducation théorique qui garçonnise les garçons et fillise les filles. C'est tout un ensemble de pratiques sociales qui conspirent à transformer les humains en individus qui se conforment à un sexe donné : ainsi, des vêtements qu'on leur fait porter, des attentions et des soins qu'on accorde aux uns ou aux autres, des types d'exercices auxquels on soumet ces esprits et ces corps en devenir. À quoi peut-on aspirer si l'on n'a pour toute bibliothèque que quelques petits livres de dévotion ? Comment s'acclimate-t-on à penser quand la beauté et la parure sont le fin mot de toute une éducation ?

Les préconisations de Poulain sur l'éducation se prolongent par l'ouverture de tous les avenirs possibles et la suppression des restrictions pesant sur le choix des carrières. Si le fond de l'humanité est commun en chaque personne, rien n'interdit qu'il y ait des femmes théologiennes, grammairiennes, reines, générales ou ministres d'État.

> Pour moi, je ne serais pas plus surpris de voir une femme le casque en tête que de lui voir une couronne. Présider dans un conseil de guerre comme dans celui d'un État. Exercer elle-même ses soldats, ranger une armée en bataille, la partager en plusieurs corps, comme elle se divertirait à le voir

---

1. Pour une collection de citations affirmant que les âmes n'ont point de sexe, *cf.* M.-F. Pellegrin, éd. Poulain, p. 100. L'originalité cartésienne de Poulain se marque par l'emploi du mot « esprit ».

2. *De l'égalité des deux sexes*, *op. cit.*, première partie, p. 71.

3. *Ibid.*, seconde partie, p. 133.

faire. L'art militaire n'a rien par-dessus les autres, dont les femmes sont capables, sinon qu'il est plus rude et qu'il fait plus de bruit et plus de mal [1].

Si les femmes peuvent diriger un État, ou accéder, pourquoi pas, à la prêtrise, ou se faire militaires et même diriger les troupes au combat, si elles peuvent exceller en toutes les sciences, c'est que peut-être on a trop rigidifié certaines oppositions : en reconsidérant la barrière homme/femme, et en permettant aux femmes de pénétrer sur le territoire des hommes, on est conduit à revisiter les paires conceptuelles qui structurent nos raisonnements, comme savant/ignorant, clerc/fidèle, ou prince/sujet. Dans tous ces domaines, l'accès des femmes marque une véritable rupture : demain, l'accès se fera véritablement selon les mérites plutôt que par la naissance. L'opération est proprement révolutionnaire en ce qu'elle renverse les hiérarchies implicites que nous établissons, non plus seulement entre les individus humains, mais entre les professions, les conditions, les disciplines dont ils s'occupent. Poulain proclame qu'il n'y a pas de sciences souveraines dont l'excellence ferait des domaines réservés, pas d'offices dont le caractère prétendument sacré les instituerait en prébendes ou en chasses gardées.

Ainsi, l'opération Poulain se résume en une formule : que partout triomphe l'intelligence, seul principe de la véritable « autorité naturelle », laquelle appartient à tous les individus, quel que soit leur sexe. Ce que Poulain appelle « la belle question » [2], ouvre à une révolution des pensées et des mœurs.

Thierry HOQUET
Faculté de philosophie
Université Jean Moulin-Lyon 3

1. *De l'égalité des deux sexes*, op. cit., seconde partie, p. 119.
2. La question de l'égalité est appelée « la belle question » dans la préface à *De l'excellence des hommes*, op. cit., p. 297.